Intervenções grupais na educação

Dados Internacionais de Catalogação na Publicação (CIP)
(Câmara Brasileira do Livro, SP, Brasil)

Intervenções grupais na educação / Heloisa Junqueira Fleury, Marlene Magnabosco Marra (orgs.). – São Paulo : Ágora, 2005. – (Intervenções grupais)

Bibliografia.
ISBN 85-7183-005-3

1. Educação – Finalidades e objetivos 2. Intervenção (Psicologia) 3. Psicodrama 4. Psicodrama educacional 5. Psicoterapia de grupo 6. Sociodrama I. Fleury, Heloisa Junqueira. II. Marra, Marlene Magnabosco. III. Série.

05-5822 CDD-150.198

Índice para catálogo sistemático:

1. Intervenções grupais na educação : Psicodrama : Psicologia 150.198

Intervenções grupais na educação

Heloisa Junqueira Fleury
Marlene Magnabosco Marra
(orgs.)

EDITORA
ÁGORA

Capa: **Brasil Verde - BVDA**
Diagramação e fotolitos: **All Print**
Impressão: **Sumago Gráfica Editorial Ltda.**

Editora Ágora
Departamento editorial:
Rua Itapicuru, 613 – 7º andar
05006-000 – São Paulo – SP
Tel.: (11) 3872-3322
Fax: (11) 3872-7476
http://www.editoraagora.com.br
e-mail: agora@editoraagora.com.br

Atendimento ao consumidor:
Summus Editorial
Tel.: (11) 3865-9890

Vendas por atacado:
Tel.: (11) 3873-8638
Fax: (11) 3873-7085
e-mail: vendas@summus.com.br

Impresso no Brasil

Sumário

APRESENTAÇÃO

HELOISA J. FLEURY

A complexidade das interações sociais na área educacional, os desafios para uma atuação educativa e formadora e o potencial do psicodrama para uma intervenção diferenciada e transformadora têm desafiado os psicodramatistas brasileiros a criar possibilidades renovadas de atuação profissional.

No trabalho com grupos, o desenvolvimento ético da coletividade depende do respeito às necessidades do grupo para uma revitalização do diálogo e da participação. Além da dimensão vivencial de sua prática, um dos principais diferenciais do psicodrama é a possibilidade de um trabalho criativo com populações com grande dissonância cultural. Segundo o círculo hermenêutico, compreendemos só o que já era anteriormente conhecido. O psicodrama tem ampliado esse horizonte de compreensão nos mais variados contextos socioculturais, favorecendo a criação e a recriação de significados a partir dos referenciais dos participantes do grupo.

Os conflitos existentes na rotina dos grupos, por exemplo na escola e no dia-a-dia da sala de aula, desafiam educadores na difícil tarefa de transformar a convivência diária em espaço de relação afetiva entre aluno, professor e colegas, permitindo que o clima de trabalho favoreça a aprendizagem de todo o grupo. O psicodrama com foco socioeducacional, além de constituir-se um recurso didático importante, também tem favorecido a explicitação desses conflitos, especialmente as relações de exclusão e rejeição, para a transformação desses papéis e a construção da identidade pessoal e do grupo na busca de um cidadão ético capaz de intervir de maneira significativa e sem dúvida democrática no seu espaço social. O olhar para o movimento protagônico do grupo amplia as possibilidades para a re-significação dos vínculos existentes, aproximando os interlocutores.

A parceria com Marlene Marra, presidente da Febrap em 1997/98, seguida de duas gestões minhas como presidente da Febrap, levou-me a identificar a diversidade de tendências do psicodrama no Brasil. Essa riqueza foi expressa pelo tema do XIII Congresso Brasileiro de Psicodrama: revermos as **raízes**, profundas, com múltiplas influências, plantadas em solos férteis e variados; revermos as **transformações**, que expandiram as fronteiras da proposta moreniana; criarmos novas **perspectivas** de fortalecimento para o psicodrama. Permanece muito atual.

Confirmações de alguns novos (ou renovados) e empolgantes contextos em que os psicodramatistas vinham atuando vieram da colega e amiga Teresinha Dezen Gaiolla, durante nossa profícua convivência, em 1999 e 2000, na diretoria executiva da Federação Brasileira de Psicodrama (Febrap).

Procuramos neste exemplar apresentar a diversidade teórica e metodológica contemporânea. Selecionamos os colaboradores atendendo ao critério proposto no início desta coleção, ou seja, de trazer visibilidade a modalidades de intervenção grupal que representassem novas possibilidades de atuação na área, assim como as diferentes tendências do psicodrama brasileiro e o colorido da diversidade regional brasileira.

Discutimos diferentes perspectivas na implantação de políticas educacionais. Exemplificamos a complexidade envolvida na capacitação de equipes de educadores para uma prática pedagógica criativa e inclusiva, numa perspectiva de educação para a cidadania, incorporando a aprendizagem e a reflexão de questões sociais à transmissão dos conteúdos formais.

Tendo como objetivo educar para a cidadania, apresentamos um olhar ampliado para o potencial da metodologia sociopsicodramática favorecendo a capacitação de jovens e de profissionais para a valorização dos recursos criativos do grupo.

Esta coleção está cada vez mais identificada com o colorido e com a pluralidade do psicodrama contemporâneo, exemplificado pelos gratos colaboradores deste exemplar.

INTRODUÇÃO

MARLENE MAGNABOSCO MARRA

O PAPEL DE MULTIPLICADORES

Este texto propõe-se a apresentar a noção de multiplicador como papel e função para as pessoas que atuam na comunidade. O multiplicador é o sujeito capaz de intervir e participar na transformação social, na construção de uma realidade nova, na inclusão social.

Segundo o dicionário, o significado dessa palavra é: "aumentar em número ou importância; tornar mais veemente, propagar-se; reproduzir; crescer em número, desenvolver extraordinária atividade". O sujeito multiplicador vincula, articula, expande seus horizontes e está comprometido em expandir o horizonte dos outros na relação com determinado tema.

Os multiplicadores são os verdadeiros agentes sociais de mudança na medida em que promovem saúde nos segmentos populacionais ainda excluídos da rede pública de assistência. O multiplicador ou agente social de mudança é aquele que faz com muitas mãos uma busca criativa dos recursos inerentes a cada um, possibilitando o desenvolvimento dos papéis, a busca da competência e a renovação da esperança presente em todo sistema humano (Marra, 2004).

O papel do multiplicador ou trabalhador social dá-se no processo da estrutura e dinâmica social, isto é, na inter-relação dos vários segmentos do sistema que se encontram em movimento, na qual a mudança é uma das dimensões. Nada é absolutamente estático ou só dinâmico, mas sim um jogo permanente de mudanças/estabilidade. Esse dinamismo está presente em tudo que é vivido pelas pessoas em um mundo de acontecimentos, valores, idéias, instituições, linguagens, símbolos e significados.

O agente social de mudança é aquele que, ao incluir-se no novo e no imprevisível, permite respostas criativas na redução do sofrimento e na melhoria dos relacionamentos. O multiplicador traz à comunidade atendida uma nova perspectiva que possibilita à outra pessoa que trabalha com ele novas maneiras de relacionar-se com os outros e com o atual problema, dando maior flexibilidade e maior abertura às mudanças.

Para adotar uma perspectiva de trabalho com multiplicadores, necessitamos introduzir novas idéias e novos conceitos e percepções sobre relacionamento humano e competência na execução de tarefas, tais como:

- essa forma de intervir é considerada uma mudança social, pois lida com o processo de transformação que acontece nos sistemas sociais;
- o multiplicador tem uma competência transformadora como agente de mudança e é pólo de promoção e reorganização da realidade social;
- o multiplicador é um construtor, por ter uma ideologia de intervenção e possibilitar uma visão compartilhada do problema, não só dos participantes entre si, mas também dos participantes e sua realidade;

- o multiplicador é como um espelho: ao devolver a imagem à comunidade, reconhece o outro e permite a ele reconhecer-se, devolvendo-lhe a confiança em si mesmo, pois ele é um dos que pertencem àquele sistema;
- o trabalho do multiplicador está vinculado a uma ética que remete a um movimento construtivo e reconstrutivo, como compromisso com as oportunidades de todos;
- não existe um modelo único de intervenção válido, pois o papel do multiplicador absorve as várias dimensões da verdade presentes no grupo, trazendo as diferentes nuanças formais e sutis, espelhando a riqueza da realidade;
- são muitas as realidades existentes e distintas; a verdade pode ser vista de muitos ângulos diferentes, de modo que a sociedade tem de dispor de mecanismos transformadores mais coerentes com seu contexto e com as possibilidades locais;
- a ação do multiplicador está baseada numa proposta de que aquele que cuida nem sempre deve ser o especialista;
- a ação do multiplicador é uma construção social que pode ser considerada uma ação "terapêutica" por conter uma experiência de alguém que pertence à comunidade, proporcionando assim oportunidade para uma identificação positiva com um problema (Marra, 2004).

Assim, podemos qualificar, capacitar e instrumentalizar pessoas não especialistas para atuar em atividades, no papel de multiplicador e/ou de agente social de mudança. Essa qualificação é o suporte de que necessitam para avançar em seu ofício, aumentando a efetividade dos métodos usados a partir do momento que se associam a outros profissionais ou técnicos na elaboração e execução de um projeto.

O professor Pedro Demo (2000), sociólogo e educador, diz que "o sentido da formação da competência humana para a autonomia solidária precisa ser inequívoco". A cidadania é o objetivo que encerra a maior das aprendizagens porque busca construir o sujeito emancipatório. Aquele sujeito que se encontra em processo de emancipação participa e ativa o mesmo processo com relação a outros sujeitos. A competência gera informação, inovação, auto-solução e responsabilidade para assumir a autoria de seus atos, estabelecendo um foco no presente e uma preocupação com a tarefa educativa. Ser educador é trabalhar todo tempo com as dimensões de identidade, pertencimento e autonomia.

Ao ser multiplicador, o indivíduo reflete e interage com os aspectos da ordem/desordem e da organização/desorganização da comunidade porque vive a dimensão da imprevisibilidade que caracteriza as ações que visam transformar a realidade. A formação do multiplicador passa necessariamente também por uma formação pessoal e técnica. Para qualificá-lo nas relações pessoais, essa formação precisa oferecer-lhe condições de questionamento pessoal que possibilite uma transformação pessoal.

Para a psicóloga Rosana Rapizo (1996), profissional que trabalha com a perspectiva de transformação de ações em conhecimento, "a multiplicidade de mundos possíveis tem levado à emergência do pluralismo profissional. Coexistem e competem inúmeras visões da prática profissional, do papel do profissional, dos valores centrais para a profissão e do conhecimento relevante para a prática".

O conhecimento do multiplicador é construído em comum na reflexão com seus pares e se amplia na prática, na "arte da intuição", como diz Donald Schön (2000), na multiplicação das experiências e dos conhecimentos adquiridos na prática social e no compromisso social que tem com os demais membros da comunidade. Portanto, essa dimensão de multiplicador, para nós, concentra e incorpora todas as demais dimensões, por ser uma forma de participação ativa, emancipatória na construção da identidade do sujeito de direito, do cidadão, atingindo o maior número possível de pessoas.

O grupo é visto como princípio pedagógico da metodologia de multiplicação. É visto como processo de aprendizagem e de desenvolvimento, por ser reconhecida sua capacidade de movimentação da interação como recurso principal. Os sujeitos de direito e político-participantes do grupo estão comprometidos com a democratização dessa nova relação com a sociedade, sendo também sujeitos de deveres compatíveis aos seus recursos internos. Protagonistas de uma nova modalidade de subjetividade co-construída com base em uma realidade objetiva, com capacidade de incluir o outro, aquele que está na fronteira do social em sua especificidade individual e diferença cultural (Cardoso, 2001). Ao participar com o outro, reconhece-se na intersubjetividade. Ao construir o conhecimento como multiplicador, constrói-se a si mesmo e a sua realidade social. O papel de multiplicador é igual à inclusão social, que é igual à organização social.

Essas necessidades vitais de todos os grupos, associações, instituições requerem profissionais disponíveis que não estejam fixados em suas especialidades, abrindo perspectivas para o "cuidado" com o outro, possibilitando ser terra fértil para o desenvolvimento. Quanto mais parceiros, multiplicadores e parteiros do crescer, do compartilhar e do vivenciar tivermos, mais a sociedade terá sua auto-sustentabilidade (Marra, 2004).

Referências bibliográficas

CARDOSO, A. N. "Educação e cidadania: as representações sociais de cidadania de jovens com participação em contexto comunitário de educação". In: SOUZA, S. M. G. (org.). *Infância, adolescência e família*. Goiânia: Cânone, 2001.

DEMO, P. *Conhecer e aprender*. Sabedoria dos limites e desafios. Porto Alegre: Artmed, 2000.

MARRA, M. M. *O agente social que transforma*. O sociodrama na organização de grupos. São Paulo: Ágora, 2004.

RAPIZO, R. *Praticante reflexivo*: a identidade profissional do terapeuta de família. Nova Perspectiva Sistêmica, 8 (4), 7-28. 1996.

SCHÖN, D. A. *Educando o profissional reflexivo*. Um novo design para o ensino e a aprendizagem. Porto Alegre: Artmed, 2000.

1

EDUCAÇÃO EM CO-CRIAÇÃO — PERSPECTIVA SOCIOPSICODRAMÁTICA[1]

STELA REGINA DE SOUZA FAVA
MARILIA J. MARINO
MARIÂNGELA P. F. WECHSLER
MARIA DE LOURDES SGORBISSA

A equipe DEC, constituída pela diretora e coordenadoras dos Núcleos de Formação, Pesquisa e Titulação, sente-se honrada e agradecida por poder participar desta obra relevante não só para a comunidade psicodramática, mas para todos os profissionais que trabalham com grupos e têm, no horizonte, a construção de relações mais justas e solidárias, o sonho de uma sociedade construída por, com e para seres humanos, acolhendo a vida como seu bem maior.

As mudanças significativas têm origem em nosso coração. Sua concretização requer empenho para se transformarem em projetos e ações que congreguem as pessoas em relação, os grupos, as organizações, as instituições, as comunidades. Mas é na instância dos grupos sociais que a *co-*

1. Experiência institucional da Diretoria de Ensino e Ciência (DEC) da Federação Brasileira de Psicodrama (Febrap), gestão 2003-2004. Diretora: Stela Regina de Souza Fava; Núcleo de Formação: Marilia J. Marino; Núcleo de Pesquisa: Mariângela P. F. Wechsler; Núcleo de Titulação: Maria de Lourdes Sgorbissa.

criação é possível, portanto, é onde as mudanças se originam e se efetivam, como movimento pessoal-social, corrente de pensamento, até sua institucionalização, como políticas amplas. É o caminho da democracia – sonho de Jacob Levy Moreno (médico-educador-psicoterapeuta) – que partilhamos e no qual a *educação* se faz passagem articulando os palcos pessoais-sociais, da micropolítica à macropolítica.

A educação se coloca, assim, como horizonte de esperança num início de século com tantas contradições e desigualdades, em que o ser humano, mais do que nunca, se dá conta da importância de cuidar de si mesmo, de suas relações, do meio ambiente, de suas cidades, de seu país, do planeta... A sobrevivência só pode se dar na *convivência em rede*. Que a espontaneidade-criatividade, *ethos* (modo de ser) sociopsicodramático, seja o fio que nos trama! (Marino, 2002, p. 159).

O capítulo parte de uma indagação – "O que é educação?" –; nos faz refletir sobre "O lugar do psicodrama e da Febrap-DEC"; trabalha idéias relacionadas com "Olhar socionômico e vida social"; fornece subsídios para pensarmos na construção de uma "pedagogia sociopsicodramática" e conclui apresentando "O trabalho da DEC". A articulação entre os itens se dá no cultivo da co-criação – perspectiva que transcende este escrito e tem se concretizado nas ações da DEC, entre seus integrantes e junto à comunidade sociopsicodramática.

O QUE É EDUCAÇÃO?

Trata-se de um fenômeno multifacetado que, no seu acontecer, no seu dar-se, abre-nos a possibilidade de "sermos humanos", ou seja, de nos identificarmos como seres humanos nos planos da subjetividade e da intersubjetividade, em que a família é a matriz primeira:

- ser (verbo) humano, como "portador" de uma identidade singular, construída e reconstruída em relação, marca do seu *com-portar-se* na direção de ser ou não si mesmo;
- ser (verbo) humano, como membro de uma sociedade, na sua variabilidade de grupos, organizações e instituições.

Tal fenômeno emerge das relações que estabelecemos com o outro, com o mundo, conosco mesmos. Relações que são formais ou informais, marcadas pelas contingências sociopolíticas e culturais de dado contexto histórico, explicitado ou não, atravessadas pelas dimensões corporal, afetiva e cognitiva.

Como projeto intencional, pessoal, grupal ou institucional, responde à necessidade de socialização de ser humano, mais herdeiro que hereditário, assegurando a transmissão, apropriação e recriação dos bens culturais acumulados e, com isso, a continuidade e sobrevivência histórica dos agrupamentos sociais.

E, ainda, respondendo à necessidade de socialização do ser humano, assegura a formação da identidade pessoal-social (profissional e de cidadania), possibilitando a cada ser humano o conhecimento e a apropriação de suas possibilidades e limites na aventura de participar da construção do *projeto humano* em que a construção da própria existência se dá como obra de arte viva.

Supõe-se, portanto, uma *visão de homem e de mundo*, um projeto histórico-político e social, bem como acerca do desenvolvimento humano, das possibilidades e dos limites do aprender a ser, em face da herança cultural, apropriando-se dela e recriando-a. Recriando-se continuamente.

O lugar do psicodrama e da Febrap-dec

> À educação cabe fornecer, de algum modo, os mapas de um mundo complexo e constantemente agitado e, ao mesmo tempo, a bússola que permita navegar através dele [...]
> Para poder dar resposta ao conjunto das suas missões, a educação deve organizar-se em torno de quatro aprendizagens fundamentais que, ao longo da vida, serão, de algum modo, para cada indivíduo, os pilares do conhecimento: **aprender a conhecer**, isto é, adquirir os instrumentos da compreensão; **aprender a fazer**, para poder agir sobre o meio envolvente; **aprender a viver juntos**, a fim de participar e cooperar com os outros em todas as atividades humanas; finalmente, **aprender a ser**, via essencial que integra as três *precedentes*.
>
> *Jacques Delors, Relatório para a Unesco da Comissão Internacional sobre Educação para o século XXI.*

Vamos dar continuidade à nossa reflexão, considerando que as palavras de Delors guardam duas intenções.

A primeira intenção é reconhecer no psicodrama (como é conhecida a produção moreniana) um lugar privilegiado como horizonte, na navegação pelos mares agitados do mundo contemporâneo. Como antropologia filosófica fundada numa visão de homem e de mundo, desdobra-se numa abordagem teórico-metodológica em ciências humanas.

Oferece, pois, *um rumo* para a pesquisa e a prática profissional em diferentes campos do saber e do fazer, onde quer que haja o cuidado com a compreensão e a transformação pessoal-social da condição humana. Nessa travessia, cada homem, *socius*, tramado em suas redes interacionais, é chamado a ser protagonista como ator e autor social, espontâneo – criador. A educação (na escola, empresa e comunidade) e a saúde (profilática e curativa), como fenômenos e processos sociais inscritos na cultura, são nossos modos de percorrer o caminho.

Todo pensamento sistematizado, ao tratar de questões referentes ao conhecimento e/ou às condições da existência humana e/ou, ainda, ao agir, traz em seu âmbito elementos profundamente relacionados com a educação, vistos como esforço para, com certo grau de sistematicidade, intencionalizar a vida social no seu desdobramento histórico. Desse modo, a educação se vincula intrinsecamente às abordagens ontológico-epistemológicas, antropológicas e axiológicas, presentes direta ou indiretamente nas construções da filosofia e das ciências humanas.

Embora não fosse filósofo, Moreno deixou indicativos em sua obra de:

- uma ontologia articulada à epistemologia em que "*são inseparáveis ser e conhecer*" (Moreno, 1959/1974, p. 226) – referências de um existir, momento a momento, em co-criação;
- uma antropologia filosófica que dá sustentação à Socionomia, como denomina sua obra, no momento final de sistematização – ciência da ação e da transformação social que articula todo o universo conceitual e metodológico construído na trajetória de Viena aos Estados Unidos:

> Uma ciência de ação começa com dois verbos, ser e criar, e com três substantivos, atores, espontaneidade e criatividade. Um coletivo de atores não é o mesmo que uma coletividade de organismos, é um "nós" e não um "eles", é uma "criatocracia" e não um universo de organismos, interagindo. (Moreno, 1934/1992, vol. I, p. 166)

- referências do ser humano como *socius* tramado nas redes relacionais, por meio de seus papéis explicitados no palco imaginário, em busca da espontaneidade-criatividade transformadora. Dessa forma, a socionomia como ciência da ação, construída por Moreno, articula os conceitos teóricos para o universo metodológico, em busca da co-criação;
- uma ética que podemos entender como a ética da espontaneidade-criatividade nas relações:

> [...] a (espontaneidade) não é apenas o processo dentro da pessoa, mas também o fluxo de sentimentos na direção do estado de espontaneidade de uma outra pessoa. Do contato entre dois estados de espontaneidade que, naturalmente, estão centrados em duas pessoas diferentes, resulta uma situação interpessoal (tele) (Moreno, 1946/1985, p. 132).

- Na ética moreniana, "pessoas" estão em relação, apelo que nos coloca numa posição reflexiva diante dos valores e nos chama à disponibilidade para a inversão de papéis – referências do cultivo da espontaneidade-criatividade, como lugar da saúde do ser humano, quebrando as conservas culturais, isto é, as cristalizações, pessoais-sociais, colocando-nos no "lugar" do outro, na direção de uma coexistência que considere o singular e o coletivo.

Desta perspectiva, a pedagogia moreniana, embrionária, requer explicitação. Cabem, assim, as perguntas: que psicodramatista queremos formar? Como cuidamos de nosso ser psicodramatista? Como nos preparamos para a tarefa de educar, diante da necessidade de zelar pela herança da produção moreniana e de sua recriação?

A segunda intenção, ainda de acordo com os desdobramentos que Delors nos convida a fazer, é reconhecer na Febrap, na condição de órgão institucional legítimo que congrega as entidades do Movimento Psicodramático, uma missão educadora que socializa mapas e bússola. Isso ocorre ao serem providas possibilidades e fixados limites no nosso habitar o território da abordagem moreniana, seja no projeto de formar psicodramatistas, seja no cuidar de nossa Educação continuada, seja no exercício profissional ético e competente – preocupações da DEC.

Como órgão institucional que, ao longo de sua história, implementa ações, orienta e propõe diretrizes, a Febrap tem vivido a tensão que marca o *instituído* (o estabelecido) e o *instituinte* (o novo), sendo bem-sucedida quando suas instâncias formais expressam os avanços e as aspirações da comunidade psicodramática, buscando denominadores comuns que contemplem a diversidade criativa, o essencial da bússola. A gestão coletiva por intermédio dos Fóruns Gestores, que congregam as diretorias e os representantes das Federadas, marca o esforço de construir uma convivência democrática.

A abertura às correções de rumo é testemunhada pelo empenho em retomar e aprimorar os "Princípios Gerais de Formação e Titulação da Febrap", trabalhados desde 1997 e aprovados em 2002. O que ratificar, retificar e ampliar de acordo com as normas, para legitimar ou desautorizar as Propostas Educacionais de Formação? O que deve ser matéria para a instituição de normas (*bússola*) e o que deve ater-se ao âmbito de orientação (*mapas*) para dar livre expressão à diversidade criativa das Federadas e da comunidade psicodramática? Como proceder para não engessar o caráter de "movimento criativo" – marca dessa comunidade?

É preciso ter no horizonte duas ordens de desafios.

A primeira são os desafios que emergem do mundo contemporâneo, dentre muitos, o de ser aldeia global com tantos contrastes, onde o universal e o local, a questão da saúde e da educação, as condições de vida e cidadania, as alterações no mundo do trabalho e lazer precisam ser articulados para o cuidado da vida, do planeta, do homem que continua a se perguntar onde é seu lugar. É diante desses aspectos que podemos desenhar o perfil do psicodramatista que queremos formar.

A segunda ordem de desafios engloba aqueles que emergem de diferentes contextos, nos quais a formação pode ser oferecida como cursos livres, cursos de pós-graduação *lato sensu* ou *estrito sensu*; circunscritos às Federadas, ou em convênios com universidades ou outras instituições. O que deve ser parâmetro para gestar possibilidades criativas que valorizem a experiência construída nas Federadas? E o que dizer das possibilidades abertas pelo ciberespaço que vêm por aí? É considerando tal diversidade que podemos pensar em grades curriculares, apenas um aspecto do currículo. Cabe perguntar: *currículo ou projeto educacional?* (cf. Marino, VI Encontro de Professores e Supervisores da Febrap, 1999).

A pedagogia (ciência normativa da Educação) esclarece que currículo é o conjunto de experiências planejadas (intencionais) favorecedoras do processo de ensino-aprendizagem, articuladas num *projeto educacional*. Este se caracteriza como *movimento* em direção à excelência de um trabalho educacional, pautado pela ética e pela busca de contínuo aprimoramento, e como *documento*, como carta de cidadania que articula todos os atores sociais envolvidos.

Entendemos que a elaboração dos projetos educacionais e seus regimentos internos é da competência das Federadas, cabendo à Febrap-DEC a orientação e assessoria para sua elaboração, o acompanhamento de sua execução e avaliação, bem como a exigência da entrega do documento, elaborado de acordo com parâmetros gerais. Como instância favorecedora da troca, a DEC implementa o intercâmbio entre as Federadas para que as produções sejam socializadas e aprimoradas.

O fundamental a ressaltar é que as relações de ensino-aprendizagem e de convivência articuladas pelo Projeto Educacional Coletivo constituem-se na experiência de construção da nova cidadania que buscamos – laboratório social da formação e educação continuada do psicodramatista, profissional que com base em seu papel âncora (conquistado em sua graduação) se coloca como construtor e multiplicador do fio da espontaneidade-criatividade, na tessitura de redes que amparem e cuidem de nosso existir e coexistir.

Olhar socionômico e vida social

> [...] não há dicotomia entre diálogo e ação revolucionária. Não há uma etapa para o diálogo e outra para a revolução. Ao contrário, o diálogo é a essência mesma da ação revolucionária... Na teoria desta ação, os atores conduzem a atividade de maneira intersubjetiva sobre um objeto – realidade que os mediatiza – tendo como objetivo a humanização dos homens. (Freire, 1974, p. 91)

As palavras de Paulo Freire, eminente educador brasileiro, de reconhecimento mundial, ao ressaltar o "diálogo" como essência da ação revolucionária – a ação que transforma –, guardam uma relação de complementaridade com o pensamento de Moreno, não só por ambos estarem em busca da "humanização dos homens", mas por mobilizarem um olhar que tenta apreender a vida social e nela intervir, em seu pulsar mesmo.

Esse pulsar, experienciado nas relações, é trabalhado por Moreno em sua conceituação de tricotomia social:

> Tem valor heurístico a diferenciação do universo social em três tendências ou dimensões, a sociedade externa, a matriz sociométrica e a realidade social. Por sociedade externa, quero dizer todos os agrupamentos palpáveis, visíveis, grandes ou pequenos, formais ou informais que compõem a sociedade humana. Por matriz sociométrica, quero dizer todas as estruturas sociométricas invisíveis ao olho macroscópico, mas que se tornam visíveis através do processo sociométrico de análise. Por realidade social, quero dizer a síntese dinâmica e a interpenetração das duas tendências já mencionadas. É óbvio que nem a matriz sociométrica nem a sociedade externa são reais ou podem existir sozinhas; uma é função da outra. Como opostos dialéticos precisam fundir-se, de alguma forma, para produzir o processo presente de vivência social. (Moreno, 1934/1992, v. 1, p. 181)

Se o olhar macroscópico (ou macrossociológico) possibilita apreendermos a sociedade oficial, externa em seus inúmeros agrupamentos, o olhar microscópico (microssociológico) comprometido com as possíveis leituras das relações sociais (estruturas matriciais sociométricas), envolvendo, pois, valores e motivações – o que e quem importam –, desvela alianças, rechaços e indiferenças entre os *socii*. Percebemo-nos "gravitando" ao redor de pessoas. De nossos átomos socioculturais (núcleo de relações que estabelecemos nos papéis que desempenhamos), forma-se uma rede que constrói o tecido social marcado por correntes psicológicas, emocionais e socioculturais. Do entrecruzamento de um e outro olhar, nos damos conta da *realidade social* experienciada, sempre em movimento, sustentada na existência de cada *socius* (companheiro).

Consideremos agora a natureza de laboratório social dos diferentes *loci* em que acontecem a formação do psicodramatista, o cultivo e a construção de sua educação continuada, bem como a convivência relacional exigida pela formulação e articulação de um projeto educacional: constatamos que *as relações se dão em vários planos*. Os níveis relacionais que permeiam os conjuntos humanos, formulados por Ardoino na apresentação da obra *Pedagogia institucional* de Lobrot (s.d.), podem nos possibilitar uma maior apropriação da realidade social em movimento, gerada pelo entrecruzamento do olhar superficial voltado para a sociedade externa e do olhar profundo que avalia as relações. O autor aponta os seguintes níveis: pessoa, pessoa-pessoa, grupo, organizações e instituições (cf. Marino, 1998-1999). A DEC os reapresenta a seguir, aprofundando uma leitura moreniana:

- A *pessoa* – eu, você, cada um, com uma história de vida, marcada por relações. No pensamento moreniano, estamos diante da "*menor unidade social viva: a pessoa e seu átomo sociocultural*" (Moreno, 1934/1992, v. 1, p. 159). Para o autor, a pessoa é intrinsecamente relacional: constrói-se na articulação dos papéis que vive (psicossomáticos, imaginários e sociais).
- *Pessoa-pessoa* – eu e você, ele e eu, nós, o bicorporal, o interpessoal, a possibilidade de construção de vínculo na partilha de afetos, de idéias, do mundo comum, ou na experiência de estranhamento, desencontro. Neste plano, já se percebe que as relações acontecem sempre tendo por base um espaço social: filho, amigo, profissio-

nal etc. E esse lugar é permeado por expectativas dos pares em complementaridade, com condutas esperadas – *os papéis psicossociais,* nas palavras de Moreno. Numa perspectiva social, são os *scripts*, roteiros prescritos pela cultura, que norteiam os comportamentos. Numa perspectiva psicológica, são a expressão do "eu", constituem-no e o antecedem como instância articuladora de quem somos.

- O *grupo* – aqui temos o "nós" ampliado: eu, você, ele, mais um... e cada qual com cada outro. Uma teia se forma, um campo de forças que nos liga por necessidades e motivações comuns, constituindo-se numa matriz relacional. Nesta instância, damos conta da vida cotidiana: na escola, é a classe; no trabalho é a seção, a equipe. Supõe-se sempre a interação face a face, e, para os diferentes grupos de que participamos, levamos as marcas do primeiro grupo social – a família: "matriz de identidade", como diz Moreno. O grande desafio que se encontra aqui é não sermos meros amontoados, "agrupamentos", mas construirmos uma vida em relação.
- As *organizações* – adentramos o plano dos estabelecimentos, com seus regimentos, suas normas jurídicas que fazem a ligação entre a sociedade civil e o Estado, ou o constituem. As estruturas formais podem ser ocasião de relações autoritárias, permeadas pela burocracia: a separação entre os que decidem e os que fazem. Geralmente, é o território que agrega vários grupos e/ou agrupamentos (pessoas justapostas), distribuindo as pessoas com a ajuda de seu organograma em diferentes papéis e regiões de poder: a Escola X, o Sindicato Y, a Empresa Z, o Instituto H etc. Aqui, o

padrão relacional já se mostra marcado pelo risco da impessoalidade das relações formais. O contato "face a face" que ocorre nos pequenos grupos, dentre os vários que compõem a organização, necessita ganhar amplitude nestas novas e complexas estruturas, mediado por critérios sociométricos que objetivem o exercício da ação estética, ética e política da vida relacional cotidiana.

- As *instituições* – constituem o plano mais *abrangente*, se olharmos para o sistema social articulado pelo Estado, entendido como o conjunto de leis que rege a conduta social e política de um povo, constituído historicamente. No entanto, é, ao mesmo tempo, o plano mais *invisível*, se olharmos os padrões de comportamento inscritos na cultura. A dimensão institucional criva a vida das organizações, dos grupos, das pessoas, de cada um de nós. Atravessa nossos papéis psicossociais, fazendo-nos herdeiros do "instituído" no dizer de Lapassade (1977), do risco das "conservas culturais", como diz Moreno (1932/1992). O desafio aqui é resgatar nossa espontaneidade-criatividade, sendo recriadores das relações sociais, "instituintes" de novos combinados, fertilizando assim nossa vida de grupo.
- Trabalhar a tensão entre o "instituído" e o "instituinte" desafia-nos a re-significar o instituído a se preservar e ousar realizar rupturas com o que perdeu o sentido, e requer de nós presença e responsabilidade diante da necessidade de mudanças pessoais e sociais. Compromisso de abrir-nos para o autoconhecimento de modo que reconheçamos o instituído em nós e a sensibilidade no exercício do poder "ser" junto com, no instituir o novo – exercício de *telespontaneidade* (Fava, 1997). A vida nas

organizações pode, assim, caminhar em direção à construção de uma *comunidade*-referência de assumir *educarmos-nos em reciprocidade*, como parte de nossa vida associativa. Ousamos trabalhar, no palco psicodramático, as tensões que permeiam nossas organizações formadoras?

Subsídios para a construção de uma pedagogia sociopsicodramática

> Toda a escola primária, secundária e superior deve possuir um palco de psicodrama como laboratório de orientação que trace diretrizes para seus problemas cotidianos [...] (Moreno, 1946/1985, p. 197).

Pensar em elementos que nos auxiliem a formular uma pedagogia moreniana, considerada embrionária, requer que iniciemos levantando os indicadores que caracterizam as abordagens do processo de ensino-aprendizagem. Referenciados pelos estudos de Maria da Graça Mizukami (1986) que mapeia as abordagens em *tradicional, comportamentalista, humanista, cognitivista e sociolibertadora*, encontramos os indicadores: visão de homem e de mundo; sociedade, cultura e escola; conhecimento – ensino-aprendizagem, professor-aluno e educação, articulações teórico-metodológicas e concepção de avaliação. Qual o lugar de Moreno? Vamos em busca de sua originalidade, reconhecendo que guarda proximidade com as perspectivas progressistas.

Os primeiros passos para a formulação dos indicadores que veremos a seguir foram construídos na disciplina Teoria(s) da Educação e Psicodrama, do Curso de Formação em Psicodrama – Convênio SOPSP-PUCSP, num esforço coletivo e cumulativo de alunos e professora (Marino, 2000). A DEC os revê e amplia ciente de que, embora sejam anotações para desenvolvimentos posteriores, socializar as produções permite a continuidade do ato criador.

1. Visão de homem e de mundo

O homem é um ser cósmico que está no mundo em relação com outros homens, com a natureza, o cosmos e com ele mesmo. Nessa perspectiva, acredita-se que o microcosmo (homem) reproduz o macrocosmo (universo), um contendo o outro e sendo contido, simultaneamente, pelo outro. Na apresentação de *Psicoterapia de grupo e psicodrama*, Pierre Weil nos conta o que Moreno afirmou textualmente em sua conferência inaugural, no Congresso Internacional de Barcelona: "[...] Sei que tenho sido rotulado de paranóico por ter dito que sou Deus. Há nisto um mal-entendido; o que quero dizer é que Deus está em nós, em qualquer um de nós, inclusive em mim" (in: Moreno 1959/1974, p. 16-17). O pensamento complexo nomeia essa visão de homem como aquela que atualiza o princípio hologramático. Podemos apreender, no pensamento moreniano, a presença de três grandes correntes epistemológicas (DEC – Texto Fragmentos): fenomenológica-existencial, que aponta para a importância da experiência na construção dos sentidos do existir e coexistir; dialética marxiana, que propõe a perspectiva de que a compreensão e o conhecimento da vida social se dão no movimento da ação transformadora, daí a implicação política de nossos atos; e sistêmica-construtivista, que aponta para um pensar complexo, que se fundamenta em três princípios (Morin, 1982/1990): o primeiro, hologramático, citado acima; o segundo, dialógico, que diz respeito à possibilidade de convivência com os opostos complementares; e o terceiro, recursivo, que aponta para a compreensão de que, no sistema, causas e efeitos são produtores e produzem, ao mesmo tempo, o fenômeno, por uma retroalimentação.

Moreno considera que o homem se constitui na medida em que entra em relação com o contexto no qual está inserto, pelo jogo de papéis; é, pois, ator e autor na co-criação da sociedade e do mundo, tornando-se responsável pela sua construção. Traz consigo a possibilidade da espontaneidade-criatividade, lançando-se no vir-a-ser – por meio da relação com o outro (tele).

A centelha divina, fonte de espontaneidade-criatividade, presente em cada um, liga a todos. A co-criação e a transformação constantes são essenciais para a manutenção da vida recolhida em cenas-situações a partir do momento, do aqui e agora.

A educação como projeto intencional – na comunidade, na empresa e na escola – se dá na co-construção dos significados experienciados entre parceiros, no contexto sociocultural (espaço-temporal), considerando-se o momento vivido e as dimensões afetivo-corporais e cognitivas da condição humana.

O movimento de significar e re-significar o que se vive forma um símbolo espiral, no qual se transformam as conservas culturais que moram dentro e fora de cada um de nós.

2. Sociedade, cultura e escola

A sociedade é vista como construção humana, na qual os *socii* (companheiros) são herdeiros e também co-criadores da cultura, vista como modos de vida que se desdobram nos papéis sociais. Estes são portadores das conservas culturais – frutos da experiência humana em diferentes âmbitos, preservada no tempo. As conservas culturais, como objetos e condutas, possuem uma ambivalência, pois possibilitam a preservação da herança sociocultural da humanidade, mas constituem-se em risco de repetição, aprisionamento, estagnação e, conseqüentemente, de ameaça à vida.

Para Moreno (1934/1992, p. 159), "[...] a menor unidade social viva é a pessoa e sua rede de papéis", e é com base nesse pressuposto que é preciso investigar a vida social. De um lado, temos a sociedade oficial, pautada em contratos coletivos que estruturam grupos, organizações, instituições; de outro, temos a pessoa e sua matriz relacional. É na interface entre a sociedade oficial e a matriz relacional de cada pessoa que se dá a "realidade experienciada", mediada pelos papéis, formando redes sociométricas e correntes afetivo-emocionais.

A abordagem moreniana propõe que os *socii* possam rever-se em seus diferentes papéis, resgatando sua espontaneidade-criatividade, e, assim, abrir-se a novas possibilidades de ser (sempre um ser com o outro em complementaridade); podendo surgir daí a possibilidade do movimentar-se as sociodinâmicas relacionais.

Escola: nesta abordagem, a educação assume um caráter amplo, em que a escola é apenas um dos espaços sociais onde ela se dá. Como *locus* onde se estabelece a relação entre os *socii*, necessita rever seu contrato e seu projeto coletivo, identificando a serviço do que e de quem está. Não é apenas lugar de preparação para a vida, mas onde acontece a vida social. Na comunidade educativa, todos são atores sociais chamados a exercitar a sua cidadania, convidados então a cuidar das relações mediante o olhar socionômico (o olhar que introjetou o projeto moreniano), realizando a leitura, o estudo e a transformação da dinâmica de suas relações.

Pensamento, afeto e ação não estão dissociados, mas intimamente ligados. Trabalhando com essa perspectiva, a articulação entre os papéis psicossomáticos, imaginários e sociais é vivida por meio das cenas disparadas pelo fator E e pela criatividade, descoisificando o homem e possibilitando-lhe explorar os contextos histórico-social, grupal e psicodramático, construindo o homem em relação e buscando: "O indivíduo sadio em um grupo sadio, o grupo sadio no indivíduo sadio" (Moreno, 1959/1974).

Wechsler (1997) nos alerta para as características de um *locus* fértil que facilite o ensino-aprendizagem. A escola é um desses lugares:

> Ser um lócus que valorize as ações enquanto operações do sujeito que conhece; que enfatize o trabalho de reconstituição de algo já sabido... o qual só é possível pelas regulações que exigem descentração e coordenação de diferentes pontos de vista; que conceba o conhecimento como um "tornar-se" antes de um "ser a priori", o qual vai dando significado ao *self*; que busque o sentido do conhecimento enquanto uma teoria da ação, em sua perspectiva lógico-matemática, a qual assegura a construção das relações existentes entre objetos, pessoas, valores sociais, e não enquanto uma teoria da representação da realidade, que não inclui as próprias associações e trabalho do sujeito [...] que esta perspectiva esteja a serviço da construção de conhecimento que faça sentido para o sujeito, não perseguindo uma lógica estéril; que enfatize a ação espontânea ou apenas desencadeada, mas nunca induzida; [...] que garanta o trânsito entre os papéis imaginários e os sociais [...]. (p. 24-25)

3. Conhecimento: ensino-aprendizagem

Pressupostos básicos

O homem como ser em relação, ator e autor social, tramado na sua rede de papéis apreende e aprende se relacionando com outros atores e autores do cenário, quer pertencentes ao reino animado quer ao reino dos inanimados.

Conhecer supõe um re-conhecer, mobilizar experiências e aprendizagens anteriores. Implica experienciar o tema em questão afetivo-corporal e cognitivamente. Construir e re-construir o conhecimento e a si mesmo, junto com o grupo de aprendizagem, incluindo o educador.

Valoriza-se a passagem de "turma", referência da sociedade oficial, a "grupo", como matriz relacional, na qual ocorre a aprendizagem do cuidado de si, do outro e do coletivo. Na formação de um grupo, a pessoa e o próprio grupo passam por um processo no qual seu estado inicial vai se modificando. Há uma troca de experiências e conhecimentos entre os integrantes, em seus diferentes papéis e em diversos níveis de conhecimento.

O processo de ensino-aprendizagem visa reconhecer e transformar as conservas culturais, por meio do resgate da espontaneidade-criatividade, considerando a singularidade da pessoa do educando, do educador, as peculiaridades da sociodinâmica grupal, sua inserção institucional e os determinantes histórico-sociais.

Segundo Wechsler (1998), a perspectiva do ensino visa facilitar o processo de aquisição de conhecimento, que para tanto precisa ser espontâneo. Dessa forma, para existir articulação entre essa perspectiva – a do ensino – e a da aprendizagem é necessário o diálogo entre os níveis de desenvolvimento do sujeito/grupo e as possibilidades para as aprendizagens decorrentes. Assim, o educador psicodramatista ao ter a intencionalidade de ensinar algo e, portanto, facilitar a aprendizagem, a aquisição de algum conhecimento do(s) aluno(s)/grupo, precisa reconhecer quais possibilidades existem naquele sujeito/grupo. Por exemplo, se é um grupo que já tem autonomia suficiente, se consegue inverter papéis, atualizar relações que engendrem tele-espontaneidade etc. e, a partir daí, ao reconhecer e ser reconhecido, simultaneamente, pelo grupo, co-construir projetos que disparem as conexões entre os diversos conteúdos, antes separados pelas contingências. No entanto, tais conexões vão além da justaposição, do sincretismo ou da simples associação; precisam ter um atributo lógico, e essa lógica é filha das ações, o que implica uma coordenação de ações interiorizadas e externalizadas.

A perspectiva da aprendizagem visa garantir a aquisição de conhecimento *lato sensu;* no entanto, esse conhecimento é encarnado em condutas, procedimentos, que passam a ser patrimônio de nossas ações, mas só passam a sê-lo, de fato, se a resposta for espontânea. O seu exercício, por sua vez, vai ajudando no processo de re-criação, liberando a diversidade que mora em cada um de nós: o nosso eu criador! (Wechsler, jul./1998-jun./1999)

A abordagem psicodramática possibilita ao homem lidar com o conhecimento de forma reflexiva e criativa, enfatizando mais o processo de produção do que o produto pronto. Entretanto, o produto reflete o processo, referendando-o e/ou transformando-o (Wechsler, 1999).

Fica sempre o desafio de articular a experiência vivida e a "herança sociocultural" – o conhecimento pronto a ser re-significado, atribuindo-lhe sentidos em movimento.

4. Professor-aluno-educação

Professor (diretor e ego-auxiliar): é visto como facilitador da aprendizagem, responsável pela conexão entre o educando, o grupo-classe, a organização educativa e o contexto social mais amplo. Cuidando de sua educação continuada, cultiva competência político-relacional, metodológica, técnica e temática (área de conhecimento), buscando participar de modo reflexivo-criativo do Projeto Político Pedagógico da instituição na qual se insere.

Favorece a percepção da vida cotidiana e a reflexão a respeito dela, auxiliando cada educando e cada grupo de aprendizagem a se constituir como sujeito do conhecimento e como sujeito político que interfere no mundo de modo espontâneo e criador, a fim de transformá-lo. É membro do grupo, mas tem um papel diferenciado e está na horizontalidade relacional.

Aluno: como ser em relação, traz uma história pessoal e social, com base em sua matriz de identidade, portanto, uma bagagem de experiências e conhecimentos a ser mobilizada e socializada. A troca favorece a recriação de cada *socius* e a aprendizagem da cidadania.

Educação: como fenômeno que se dá nas relações formais e informais, é a condição de possibilidade de nos tornarmos humanos. Como projeto intencional *fundado numa visão de homem e de mundo morenianas*, visa à aprendizagem contínua da articulação dos papéis psicossomáticos, imaginários e sociais, portadores, também, da herança cultural e, no resgate da espontaneidade-criatividade, recriá-los na busca de uma nova cidadania, de uma vida social solidária e libertadora, fundada na busca pela alteridade mediante a "inversão de papéis", possibilitadora do encontro.

5. Articulação teórico-metodológica

Sistematizada no projeto moreniano da socionomia, a articulação teórico-metodológica constitui-se numa busca de caminhos que favorecem o processo de ensino-aprendizagem e a saúde das relações sociais. Sua estrutura leva em conta a arquitetura do trabalho psicodramático, que atravessa qualquer método socionômico: os contextos (social, grupal e psicodramático); as etapas (aquecimento, proposta de ação e compartilhar/elaborar) e os instrumentos (protagonista: indivíduo ou o grupo, diretor, ego-auxiliar, grupo/platéia e cenário).

- Sociometria: avalia as relações interpessoais, grupais, organizacionais e comunitárias, tendo como método a leitura e os procedimentos sociométricos. Com base em critérios definidos, por exemplo, a pesquisa de interesses dentro de um grupo, pode-se construir leituras e/ou procedimentos das seguintes perspectivas: aluno–aluno; aluno–grupo; professor–aluno; professor–professor; professor–escola; pais–escola.
- Sociodinâmica: estuda as dinâmicas relacionais a partir dos papéis sociais que estão em jogo e dos temas culturais de que esses papéis são portadores, favorecendo o *role-taking*, o *role-playing* e o *role-creating*. Tendo como base o teatro espontâneo, a socionomia disponibiliza diferentes métodos (modalidades) de trabalho, como jogos dramáticos, jornal ao vivo, teatro de reprise, o próprio *role-playing*, expressão por meio das artes (escultura, dança, música, desenho, pintura) que podem ganhar voz etc.
- Sociatria: trata, cuida, zela das questões do homem como ser em relação, buscando a perspectiva da "saúde". A psicoterapia de grupo e o psicodrama que exploram em profundidade a história de vida de seus participantes se reservam prioritariamente à clínica, mas o sociodrama (axiodrama) é um método privilegiado para a exploração de temas da cultura e para o trabalho de construção de equipes. Em contextos de trabalho em relação ao papel profissional, o psicodrama clássico pode se constituir num método eficaz quando o foco é a exploração da experiência vivida.

Todos os métodos destacados da sociometria, sociodinâmica e sociatria se articulam entre si e podem ser atualizados a serviço da recriação de si próprios, das relações interpessoais, sociais, institucionais. No entanto, o que legitima a ação do diretor psicodramatista é o tipo de contrato que ele tem com o grupo em questão. Cabe ao educador-diretor-psicodramatista trabalhar focando as relações que facilitem o ensino-aprendizagem, da perspectiva grupal, ajudando na subjetivação das tramas e dos dramas co-construídos em determinado momento, com seus *locus, status nascendi* e *matrix* característicos.

6. Avaliação

Na abordagem psicodramática, a avaliação é contínua e recíproca. Faz parte do processo de ensino-aprendizagem, possibilitando a retomada e a compreensão do caminho percorrido, reorientando a ação de todos os envolvidos: educando, educador, grupo, organização. Dá-se na articulação das perspectivas de *o que* se realizou, de *por que* se escolheu isto ou aquilo, de *como* a ação se processou e de *para que* foi executada.

No *plano da aprendizagem*, consideram-se as dimensões afetivo-cognitiva, de habilidades e atitudes, implicadas na escolha e utilização de instrumentos diversificados favorecidas pelas diferentes modalidades de ação psicodramática/expressiva.

No *plano do ensino*, possibilita ao educador reorganizar a sua proposta de trabalho, rever suas competências e aprimorar-se, buscando articulações intra, inter e transdisciplinar.

No *plano da organização educativa*, acompanha o empenho para a realização da análise institucional, gerando ações reorganizadoras, em busca de coerência entre o projeto educacional e as condições que o sustentam quanto às estruturas física, administrativa, social e pedagógica (Nóvoa, 1992, p. 1-43).

Os indicadores apontados possibilitam que nos coloquemos a caminho para a formulação de uma *pedagogia moreniana* comprometida em suas dimensões estética, ética, científica e política com um novo homem e uma nova mulher – cidadãos *sensíveis, espontâneos e criativos*... Desafio para todos nós, empenho da DEC em suas ações instituintes, na busca da co-criação.

O TRABALHO DA DEC – GESTÃO 2002-2004

De acordo com Moreno (1946/1985, p. 95):

> Existe um modo, simples e claro em que o homem pode lutar, não através da destruição nem como parte da engrenagem social, mas como indivíduo e criador, ou como uma associação de criadores. Ele tem de encontrar uma estratégia de criação que escape à traição da conservação e à concorrência do robô, essa estratégia é a prática do ato criador, o homem como um instrumento de criação que muda continuamente os seus produtos.

A DEC iniciou a gestão 2003, vivendo o momento de implantação dos Princípios Gerais de Formação e Titulação em Psicodrama segundo a Febrap que apontam para importantes mudanças:

a) a formação continuada do psicodramatista integrada em três níveis de formação, respectivos títulos e competências:

QUADRO DE TÍTULOS E COMPETÊNCIAS

Título anterior	*Título atual*				
	Níveis da carreira	*S O C I O N O M I S T A*	*Nome do título*	*Especialidade do título*	*Competência de cada título*
Psicodramatista: Aplicado Terapêutico	*I*		Psicodramatista	Foco socioeducacional Foco psicoterápico	Trabalha em diferentes áreas (clínica, escola, empresa, comunidade etc.) de acordo com seu papel âncora, respeitando os focos socioeducacional e psicoterápico.
Terapeuta de aluno	*II*		Psicodramatista didata	Foco socioeducacional Foco psicoterápico	Aprofunda as competências do nível I e amplia para docência no nível I (faz também psicoterapia psicodramática com processamento didático dos alunos em formação).
Professor Supervisor	*III*		Psicodramatista didata Supervisor	Foco socioeducacional Foco psicoterápico	Aprofunda as competências anteriores e amplia para docência nos níveis II e III, supervisão e orientação de monografias (níveis I, II e III) de acordo com seu papel âncora e focos.

b) a introdução do critério foco psicoterápico e socioeducacional permitindo a *unidade* (o psicodrama é um só e somos todos socionomistas) e a *especificidade* da graduação regida pelas leis do país (psicoterapeutas e socioeducadores);

c) a ampliação – de *aplicado a socioeducacional,* que vai além da nomenclatura, uma vez que resgata e reflete um dos pontos fundamentais da abordagem moreniana: a transformação é co-construída, não está pronta para ser *aplicada.*

Os desafios apontados por essas mudanças levaram a uma proposta apresentada pela DEC e aprovada pelas Federadas, que é a de priorizar o desenvolvimento do projeto educacional com os seguintes pressupostos:

Produção moreniana: abordagem teórico-metodológica em Ciências Psicossociais

- Sociopsicodramatistas (socionomistas): dois focos – psicoterápico e/ou socioeducacional em diferentes áreas, considerando: papel âncora, legislação brasileira, tipos de contrato.
- Formação grupal promovida por equipe pedagógica à luz de um projeto educacional.
- Educação continuada articulada em níveis de carreira (I, II e III).
- Formação desenvolvida a partir do papel âncora (papel profissional).
- Prática supervisionada voltada para relações (interpessoais-grupais-institucionais).
- Psicoterapia psicodramática.
- Pesquisa articulada à formação.

Diante dessa proposta, a DEC define seu papel de articulação e apoio às Federadas para troca e desenvolvimento de referências e diretrizes.

A construção da relação DEC-Federadas foi realizada nos espaços de encontros previstos: Fóruns Gestores e Pré-Congresso.

Os temas trabalhados nos fóruns foram:

- o papel de representante da Federada nos fóruns como sendo o de articular as discussões junto aos docentes de cada Federada, a respeito das Diretrizes para a Formação e Titulação propostas pela DEC, bem como o de trazer para o fórum o resultado dessas discussões;
- os pressupostos do projeto educacional que se articulam em áreas, comprometendo-se com a perspectiva investigativa:

PROJETO EDUCACIONAL E REGULAMENTO

MOVIMENTO E DOCUMENTO

- Construção das Federadas à luz dos princípios e das diretrizes.
- Febrap: assessora e articula a troca entre as Federadas.

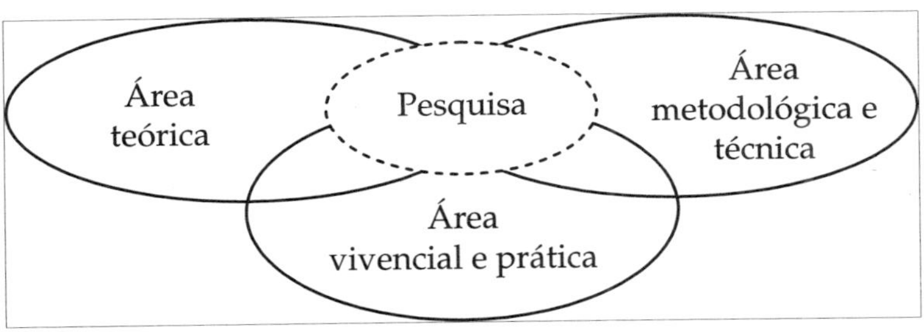

Projeto educacional e perspectiva de investigação.

- As diretrizes para elaboração das ementas dos novos espaços curriculares: Teorias da Educação e Psicodrama (Pedagogia Moreniana) – Nível I; Seminário de Pesquisa, Metodologia – Nível II; Didática na Abordagem Sociopsicodramática – Nível III; Supervisão em Grupo: Níveis I, II e III.
- Normas e procedimentos para titulação.

O documento *Pontos de discussão* registra as preocupações básicas e as propostas discutidas nos fóruns, servindo de base para o estudo do aprimoramento do documento "Princípios gerais de formação e titulação" da Febrap.

O Pré-Congresso com o tema *Psicodramatista em cena – Articulações entre formação e pesquisa-ação transformadora* teve como objetivo facilitar o desenho de novas articulações entre formação e pesquisa, permitindo a cada psicodramatista formador poder refletir e desenvolver novas idéias sobre essas articulações. Participaram docentes que puderam trocar experiências sobre seus projetos educacionais e, principalmente, sobre seus papéis de pesquisadores e orientadores na relação com o psicodramatista em formação. O texto *Fragmentos* constituiu-se no mapa-guia para a construção coletiva do conhecimento no papel do psicodramatista, pontuando as três grandes correntes epistemológicas que podem nortear a leitura e releitura do pensamento moreniano.

Dada a nossa preocupação com a pesquisa no movimento psicodramático, a DEC responsabilizou-se pela *Pesquisa Comunidade em Cena*, realizada a partir da atividade inovadora do XIV Congresso Brasileiro – A Comunidade em Cena. O desdobramento principal dessa pesquisa foi o de disparar no movimento a possibilidade de realizar uma ação socionômica e, posteriormente, poder refletir sobre ela, viabilizando a pesquisa sistemática. Das 34 equipes que dirigiram a Comunidade em Cena em Belo Horizonte, 22 aderiram à pesquisa proposta pela DEC, um número significativo, apontando a necessidade dos psicodramatistas em relação às articulações entre o fazer e o compreender; entre a prática e o referencial teórico-metodológico; entre o que acontece intragrupos, intergrupos e suas relações mais amplas com o momento histórico, social, político, ético, estético.

O momento atual da DEC caracteriza-se pelo aprimoramento do documento "Princípios gerais de formação e titulação em psicodrama segundo a Febrap" e pela finalização da pesquisa-ação realizada com a modalidade Comunidade em Cena do XIV Congresso Brasileiro de Psicodrama.

Os próximos passos do caminho que estão sendo percorridos para a construção do Projeto Educacional da Febrap coordenado pela DEC são:

1. Apoio local às Federadas quanto ao projeto de formação articulado com pesquisa – competência da Federada para construções e reconstruções sociais com a comunidade de seu território.

2. Apoio regional às Federadas para trocas em eventos científicos regionais focalizando a formação, as pesquisas e os trabalhos com a comunidade – capacidade formadora e competência articulada nas regionais.

3. Estímulo à participação no 16º Congresso Internacional de Psicoterapia de Grupo no Brasil em 2006, como visibilidade da competência e produção científica nacional do Movimento Psicodramático Brasileiro.

O Fórum Gestor de agosto de 2004 aprovou a continuidade do projeto DEC, para além do tempo dessa gestão (2003/2004), expressando aprovação e confiança na proposta.

Referências bibliográficas

DEC. Gestão 2003-2004. (FAVA, S.; MARINO, M. J.; WECHSLER, M. P. F.; SGORBISSA, M. L.). *Fragmentos: da conserva cultural à re-criação*. XIV Congresso Brasileiro de Psicodrama: Pré-Congresso: Articulações entre Formação e Pesquisa-Ação Transformadora. Belo Horizonte, junho/2004. 14 p.

DELORS, J. (org.). *Educação:* um tesouro a descobrir. Relatório para a Unesco da Comissão Internacional sobre Educação para o século XXI. Brasília: MEC; Unesco; Cortez, 1999.

FAVA, S. "Os conceitos de espontaneidade e tele na educação". In: PUTTINI, E. F.; LIMA, L. M. S. (org.). *Ações educativas:* vivências com psicodrama na prática pedagógica. São Paulo: Ágora, 1997.

FREIRE, P. *Conscientización*. Buenos Aires: Búsqueda, 1974.

LAPASSADE, G. *Grupos, organizações e instituições*. Rio de Janeiro: Francisco Alves, 1977.

LOBROT, M. A. *A pedagogia institucional*. Lisboa: Iniciativas Editoriais, s.d.

MARINO, M. J. *Currículo básico na atualidade para os cursos de formação em psicodrama*. Texto apresentado no VI Encontro de Professores e Supervisores da Febrap, 1999.

________. O grupo no processo educativo. In: *Linhas Críticas*. Psicodrama na educação. Revista Semestral da Faculdade de Educação, Universidade de Brasília, v. 4, n. 7-8, p. 87-97, jul./1998, jul./1999.

________. (org.) *Abordagem moreniana na educação*: subsídios. Texto coletivo produzido pelos alunos do Curso de Formação em Psicodrama do Convênio SOPSP-PUCSP na disciplina Teoria(s) da Educação e Psicodrama. São Paulo, 2000.

________. Ética, cidadania e educação: um trabalho sociodramático. In: Vários autores. *A ética nos grupos*: contribuição do psicodrama. São Paulo: Ágora, 2002. p. 125-61.

MIZUKAMI, M. G. *Ensino*: as abordagens do processo. São Paulo: EPU, 1986.

MORENO, J. L. (1934) *Quem sobreviverá?* Fundamentos da sociometria, psicoterapia de grupo e sociodrama. Goiânia: Dimensão, 1992. v. 1.

________. (1946) *Psicodrama*. São Paulo: Colares, 1985.

________. (1959) *Psicoterapia de grupo e psicodrama*. Campinas: Livro Pleno, 1974.

MORIN, E. (1982) *Ciência com consciência*. Portugal: Publicações Europa-América, 1990.

NÓVOA, A. (coord). *As organizações escolares em análise*. Lisboa: Dom Quixote, 1992.

WECHSLER, M. P. F. "A matriz de identidade numa perspectiva construtivista: lócus de construção de conhecimento". In: *Revista Brasileira de Psicodrama*. São Paulo, v. 5, n. 1, p. 21-28, 1997.

________. "Educação para o século XXI: métodos de ação". In: *Linhas Críticas*. Psicodrama na educação. Revista Semestral da Faculdade de Educação, Universidade de Brasília. v. 4, n. 7-8, p. 23-30, jul./1998, jun./1999.

________. *Psicodrama e construtivismo*: uma leitura psicopedagógica. São Paulo: Annablume; Fapesp, 1999.

________. *Relações entre afetividade e cognição*: de Moreno a Piaget. São Paulo: Annablume; Fapesp, 1998.

2

Sociodrama educacional — uma estratégia de pesquisa-ação em psicologia escolar institucional

ANTÔNIO DOS SANTOS ANDRADE

Durante a segunda metade do século XX, a psicologia escolar assumiu formas muito diferentes, como concorda a maioria das publicações mais recentes dessa área (Tanamachi, 2000; Meira, 2000; Souza, 2000; Cruces, 2003; Campos e Jucá, 2003; Araújo e Almeida, 2003; Neves e Almeida, 2003; e Maluf, 2003). A primeira dessas formas predominou durante as décadas de 1950 e 1960 e configurou-se como uma migração do modelo clínico para dentro das escolas. No final dos anos 1970 e início dos de 1980, tal forma de tratar as questões escolares é submetida a duras críticas. Cunha-se então o termo "fracasso escolar", sobretudo a partir das publicações de Patto (1984 e 1990). Nesse conceito, os fatores sociológicos, pedagógicos e, principalmente, a forma como a instituição escolar trata a diferença entre os seus alunos revelam-se como mais importantes do que os fatores intrapessoais desses alunos. Com base em tais questionamentos, assiste-se ao desenvolvimento, no final do século, de novas formas de tratar a questão escolar, que passam a envolver não apenas o aluno mas toda a instituição. Recuperam-se então as contribuições da análise institucional como um referencial de apoio para tais modelos. É nesse contexto que o sociodrama educacional surge como uma derivação das contribuições de Jacob Levy Moreno, especialmente aquelas nas quais propõe o sociodrama e a sociometria como formas de fundamentar a compreensão e as transformações das instituições.

No presente texto se pretende caracterizar o modelo teórico construído para fundamentar o sociodrama educacional, as estratégias de investigação e de intervenção e os subprojetos que resultam desse modelo. Por fim, a título de ilustração do potencial para pesquisa que o modelo vem revelando, são mencionadas as repercussões científicas acumuladas ao longo dos últimos doze anos de trabalho do Grupo de Estudos e Pesquisa em Sociodrama Educacional "Jacob Levy Moreno" (GEPSEd) da Faculdade de Filosofia, Ciências e Letras de Ribeirão Preto (FFCLRP) da Universidade de São Paulo (USP). Antes da apresentação do modelo teórico-metodológico, far-se-á um breve histórico da referida linha de pesquisa.

Histórico

Coerente com a corrente de pensamento predominante na psicologia escolar da época, em sua tese de doutorado em 1986), Andrade procurou enfocar o tema do fracasso escolar utilizando uma abordagem etnográfica, incluindo entrevistas e observações participantes, com o objetivo de tratar os aspectos institucionais da produção do fenômeno estudado. Terminado o projeto que deu origem à tese, por solicitação da escola, as atividades prosseguiram na forma de treinamento de professores, tendo sido posteriormente estendidas a outra escola, com características similares (Andrade, 1990b e Andrade, 1991).

O passo seguinte, no aperfeiçoamento dessas atuações, consistiu na busca de um referencial para o trabalho no grupo de professores que favorecesse uma melhoria na relação professor-aluno, o desenvolvimento de atividades com métodos mais criativos em sala de aula e a promoção da criatividade e da espontaneidade no contexto escolar. A opção foi pela abordagem do psicodrama de Jacob Levy Moreno, com suas concepções sobre espontaneidade e criatividade (Moreno, 1974, 1983, 1987; Moreno e Moreno, 1995). Esse referencial possibilitou o desenvolvimento de grupos de professores e de alunos com dificuldades de aprendizagem (Andrade, 1996; 1997; 1999b; 2001a; 2001b; Andrade; Tositto e col., 1996). A realização dessas pesquisas culminou num modelo teórico-metodológico para o sociodrama educacional que se apresentará a seguir.

O MODELO TEÓRICO-METODOLÓGICO DO SOCIODRAMA EDUCACIONAL

A — OS CONCEITOS BÁSICOS

O sociodrama educacional se caracteriza como uma linha de pesquisa-ação em psicologia escolar institucional que se propõe ao estudo do cotidiano de instituições educacionais vivido e compartilhado por professores, alunos e pais de alunos, apreendido pelas entrevistas de profundidade, entrevistas de grupo, interpretação lúdica de papéis (*role-playing*) e observação participante. Para alcançar tais metas, busca-se a compreensão das interações sociais que constituem o cotidiano dessas instituições, enfocando-as a partir da concepção de papéis como estruturas, segundo as quais os diferentes integrantes da instituição pautam suas relações. Estas são abordadas conforme os segmentos estruturais que compõem a instituição educacional: a) agentes institucionais: professores, técnicos e dirigentes; b) clientela: alunos; e c) responsáveis pela clientela: pais.

Por *papel como estrutura* se entende o conceito de papel como uma totalidade provida de sentido, uma totalidade dialética que deve ser compreendida em dois sentidos principais, segundo Merleau-Ponty (1975, p. 211), que sobre o primeiro deles diz:

> [...] a dialética humana é ambígua: ela se manifesta de início pelas estruturas sociais ou culturais que faz aparecer e nas quais se aprisiona. Mas seus objetos de uso e seus objetos culturais não seriam aquilo que são se a atividade que os faz aparecer não tivesse também por sentido negá-los e ultrapassá-los [...].

Os papéis, como estrutura, constituir-se-iam assim numa totalidade por meio da qual a estrutura social ou cultural se impõe ao indivíduo, mas que também traz os sinais da busca de sua negação e superação. Mas a totalidade dialética que o papel como estrutura assume se revela também em sua constituição no sujeito ou em sua consciência. Nas palavras de Merleau-Ponty (idem, p. 208): [...] a posse de uma representação ou o exercício do juízo não é coextensivo à vida da consciência. A consciência é antes uma rede de intenções significativas, às vezes claras para si mesmas, às vezes ao contrário, vividas antes que conhecidas.

Nesse aspecto, os papéis não se revelam apenas nas representações que os indivíduos constroem deles. É preciso investigá-los em suas representações, mas também para além delas, tal como eles são vividos, antes de conhecidos. Daí a importância dos recursos de investigação que ultrapassam a pesquisa das representações, que, em geral, são obtidas por intermédio de análises de relatos colhidos em entrevistas com aqueles que desempenham os papéis. No que diz respeito a isso, tanto o *role-playing* como a observação participante desempenham papel fundamental.

A dialética do grupo, da organização e da instituição, tal como apresentada inicialmente por Sartre (1960) e resgatada por Lapassade (1977), na fundamentação da análise institucional, nos permite considerar a estrutura de papel como integrada, pela ação, em estruturas ou totalidades maiores como grupo, organização e instituição. Assim, como instituição a escola se constituiria em apenas um dos seus aspectos, restando por analisar os aspectos organizacionais e grupais que nela se engendram. É no interior dos grupos, das organizações e das instituições que a escola se compõe, que a estrutura de papel se constitui e toma forma em sua dialética instituído-instituinte, podendo então falarmos em grupo instituído e grupo instituinte. Analogamente, a estrutura de papel abarcaria componentes cristalizados ou normativos, internalizados em um processo de identificação com o grupo instituído ou com a instituição ou a organização. Mas, também, por componentes de resistência, que resultariam do movimento dialético de superar a imposição social dos papéis. Nesses componentes é possível identificar as matrizes do instituinte, e da ação comum destes surgiria o grupo em fusão, ou instituinte, aquele que busca resgatar a relação de interioridade, em oposição à alienação e à serialidade. Entende-se que é a estes aspectos que Moreno se refere quando defende a promoção e o desenvolvimento da espontaneidade, ou quando contrapõe o *role-playing* e, posteriormente, o *role-creating* ao *role-taking*. Espontaneidade significa, aqui, o resgate da subjetividade e, portanto, da superação da condição de alienação e serialidade que caracteriza a vida do indivíduo em sociedade.

O grupo, como nos ensina Milan (1976), é uma totalidade articulada de unidades formadas por um ou mais indivíduos, definidas pelas suas relações com as demais, em função de determinado projeto que se elabora na intersubjetividade. A cada unidade do grupo corresponde uma posição na estrutura, e o grupo é um sistema de posições. Este conceito corresponde ao que Sartre (1960) denominou de "grupo em fusão", aquele que se constitui numa relação de interioridade. Por sua vez, o projeto está enraizado no desejo dos indivíduos, mas não é o desejo. Transcende-o, sendo aquilo que resulta do desejo quando ele se inscreve na intersubjetividade. Resulta das ressonâncias do desejo no espaço de coexistência, ressonâncias por meio das quais o desejo recebe um sentido novo.

Ora, essa natureza dialética da instituição escolar impõe limites e dificuldades a quem pretende fazer uso do palco psicodramático como forma de transformação, abertura e desenvolvimento dos papéis. Os grupos com os professores e demais profissionais demandam um extenso trabalho reflexivo e de superação das pautas institucionais e organizacionais nas quais os papéis se estruturam, buscando alcançar o desenvolvimento de um "grupo em fusão", no qual, então, e só então, o *role-playing* possa ocorrer com sentido e significado, numa relação de interioridade.

Com os alunos e com os pais, a atividade grupal não encontra resistência apenas no instituído escolar, mas traz suas próprias dificuldades. Por tratar-se da clientela desta instituição (os alunos) e dos seus responsáveis (os pais), poder-se-ia supor uma disponibilidade e abertura ao trabalho grupal muito maior. No entanto, aqui emerge uma dificuldade de outra ordem, ligada ao papel que a psicologia cumpriu historicamente na construção da instituição escolar. Como se sabe, o psicólogo tem sido apropriado pela escola com a finalidade de legitimar suas práticas e na qualidade de um profissional da área da saúde. A ele caberia ratificar a classificação, antecipada pelos agentes pedagógicos, rotular e "atender" os que apresentam "problemas" e, portanto, dificultam a realização de suas metas instituídas, ou seja, "medicalizar" o fracasso escolar. Ora, neste contexto, "ir ao psicólogo", participar dos grupos, tanto para os alunos, como para seus familiares, pode significar assumir um rótulo indesejável. Lidar com essa dificuldade, procurando evitar grupos homogêneos de alunos já rotulados como possuidores de dificuldades de aprendizagem e/ou de comportamento, constitui-se num dos maiores desafios ao psicólogo que atua em instituições escolares. Convencer os pais ou responsáveis da importância das reuniões na escola, da participação em grupos reflexivos, para além de qualquer suposta dificuldade de seus filhos, já é tarefa bem mais difícil.

Desta forma, os três segmentos que constituem a instituição escolar impõem, cada um a seu modo, as dificuldades e resistências[1] a uma pesquisa-ação do tipo que o Sociodrama Educacional propõe. Daí aliarem-se as estratégias de investigação, não apenas como um primeiro momento de aproximação da realidade institucional, mas, principalmente, como uma forma de conseguir uma sensibilização para alcançar as metas de transformação.

1. Em outro artigo (Andrade, 2000), diferenciaram-se as "dificuldades" como correspondendo aos aspectos institucionais que se opõem à manifestação da espontaneidade e da criatividade no exercício de papéis sociais das "resistências" que, embora sejam vividas como pessoais, foram interiorizadas na história de vida de cada um a partir da sociedade, mediada por suas diversas instituições e representações sociais. As "dificuldades" correspondem aos aspectos instituídos presentes na esfera da escola, enquanto as "resistências" correspondem à interiorização dos aspectos instituídos pelos seus integrantes.

B — As estratégias de investigação

No desenvolvimento das pesquisas que constituem o sociodrama educacional, chegou-se à diferenciação dos seguintes procedimentos metodológicos:

1. **Entrevista individual de profundidade**: investiga as estruturas dos papéis, por intermédio de verbalizações num contexto relacional face a face entre investigador e investigado. Ela permite um acesso aos aspectos cristalizados ou normativos dessas estruturas. Contudo, na medida em que se consegue adotar estratégias de aprofundamento, também permite a revelação dos seus componentes de negação, oposição e superação.

2. **Entrevista em grupo focal**: investiga as estruturas de papéis verbalizadas num contexto de grupo de discussão que focaliza um tema específico. Neste caso, os cuidados se voltam para a promoção do "grupo em fusão" de que falam Sartre (1960) e Lapassade (1977), subentendendo-se a importância do resgate de uma relação de interioridade como condição de investigação aprofundada das estruturas de papéis, tanto nos seus aspectos cristalizados ou normativos, quanto nos seus componentes de negação, oposição e superação.

3. **Grupo de interpretação lúdica de papéis**: investiga as estruturas de papéis em seu aspecto vivido, num contexto de "grupo em fusão" que é promovido de forma que propicie a interpretação de papéis de forma lúdica, numa situação de "como se". Essa estratégia busca investigar as "intenções significativas, às vezes claras para si mesmas, às vezes ao contrário, vividas antes que conhecidas" de que nos fala Merleau-Ponty (1975, p. 208). Constitui-se numa adaptação do *role-playing*, criado por J. L. Moreno, para a situação de investigação.

4. Observação participante: estratégia de conhecimento das estruturas de papéis do cotidiano da instituição escolar, sobretudo dos seus aspectos instituídos. Nela, o pesquisador, como participante, tem acesso a esses aspectos da maneira como são vividos, antes mesmo que conhecidos, ao captá-los em suas formas ativas no interior da instituição. Esta técnica qualitativa de pesquisa complementa as anteriores, na medida em que propicia ao pesquisador um acesso ao vivido *in situ* ou *in status nascendi*, como recomenda Moreno. Agrega ao projeto de pesquisa uma contextualização institucional de importância fundamental para a compreensão tanto das representações, como das vivências do papel, o contexto, o plano de fundo contra o qual, dialeticamente, a estrutura de papel é revelada.

C — As estratégias de intervenção

A partir da compreensão das estruturas de papéis, da organização e do funcionamento cotidiano da instituição escolar, desenvolvem-se os projetos de intervenção contratados com a instituição e diferenciados segundo os seus vários segmentos estruturais, desde que ocorra a adesão livre e voluntária desses segmentos. Esta estratégia de segmentação da intervenção se justifica pela resistência à mudança, mas, nos casos em que os fatos favorecerem, é possível que a intervenção se dê na forma única, como num "sociodrama institucional". Quando segmentada, a intervenção se diferencia nas seguintes possibilidades:

- grupo reflexivo com professores;
- grupo com alunos;
- grupo com familiares.

Esses grupos são desenvolvidos na forma de um resgate do "grupo em fusão" sartriano ou da relação de interioridade nas interações entre os seus participantes. A ação no interior desses grupos se transforma em práxis, entendida como ação seguida de reflexão, que passa à ação, num movimento em espiral que busque produzir o desenvolvimento das estruturas de papéis, entendido como uma descristalização ou desnaturalização de seus aspectos instituídos e a liberação dos componentes de negação, oposição, superação, crítica e questionamento, constitutivos dos aspectos instituintes. A ação pode se dar tanto no plano verbal, no caso dos grupos reflexivos na etapa de discussão e debate sobre temas relativos ao exercício do papel profissional, como no plano não-verbal, no caso das dramatizações que só ocorreriam quando o grupo, que principia como instituído ou recorte da instituição, já evoluiu para um grupo em fusão.

D — Os subprojetos

Integrando as estratégias de investigação e de intervenção, constituem-se quatro grandes subprojetos, descritos a seguir, diferenciados, por sua vez, em dois blocos temáticos, com exceção do primeiro subprojeto que, por sua natureza de abordagem da instituição em sua totalidade, não comporta diferenciações. Optou-se por denominar **"investigação"** ao bloco temático que inclui apenas as estratégias de investigação das estruturas de papel de determinado subprojeto, seja pelas entrevistas individuais, de grupos focais, de interpretação lúdica de papéis ou de observação participante; e **"desenvolvimento"** ao bloco que inclui as estratégias de intervenção, grupo reflexivo com professores, grupo de alunos e grupo com familiares. Cada um desses blocos se diferencia ainda em temas.

SUBPROJETO 1. INSTITUIÇÃO

Tema: as estruturas de papéis e sua integração dialética nas diversas esferas que caracterizam a instituição.

Problema: análise institucional em educação numa abordagem sociodramática.

Objetivo: promover a compreensão e o desenvolvimento institucional em contextos educacionais.

Estratégias básicas: para investigação das estruturas de papel, recorre-se à observação participante, a entrevistas individuais e/ou grupais e à interpretação lúdica de papéis.

SUBPROJETO 2. PROFESSORES

BLOCO TEMÁTICO 2.1. INVESTIGAÇÃO

Tema: representações e vivências dos professores sobre disciplina; ensino; aprendizagem; motivação; relação professor-aluno; planejamento; metodologia, recursos, tecnologia e materiais instrucionais; epistemologia; criatividade e outros.

Problema: as estruturas de papéis dos professores e sua integração na dialética institucional.

Objetivo: investigar as estruturas de papéis dos professores, buscando delinear suas características e identificar as resistências e dificuldades quando instigados à mudança.

Estratégias básicas: para investigação das estruturas de papéis, recorre-se a entrevistas individuais e/ou grupais e à observação participante.

BLOCO TEMÁTICO 2.2. DESENVOLVIMENTO

Tema: dificuldades e resistências às mudanças nas estruturas de papéis dos professores sobre disciplina; ensino; aprendizagem; motivação; relação professor-aluno; planejamento; metodologia, recursos, tecnologia e materiais instrucionais; epistemologia; criatividade e outros.

Problema: as estruturas de papéis dos professores e sua integração na dialética institucional.

Objetivo: investigar as estruturas de papéis dos professores, buscando identificar as resistências e dificuldades quando instigados à mudança.

Estratégias básicas: para pesquisar as dificuldades e resistências à mudança, recorre-se à intervenção em grupos sociodramáticos, que são antecedidos e sucedidos de investigação sobre as representações cujas dificuldades e resistências à mudança se quer pesquisar.

Subprojeto 3. Alunos

Bloco temático 3.1. Investigação

Tema: as representações e vivências dos alunos sobre temas do seu cotidiano, como as interações nas salas de aula, no recreio e em outras atividades dentro da escola, envolvendo professores, colegas e demais integrantes da instituição.

Problema: as estruturas de papéis dos alunos e sua integração na dialética institucional.

Objetivo: investigar as estruturas de papéis dos alunos, buscando delinear suas características.

Estratégias básicas: para investigação das estruturas de papéis, recorre-se a entrevistas individuais e/ou grupais, à interpretação lúdica de papéis e à observação participante.

Bloco temático 3.2. Desenvolvimento

Tema: dificuldades e resistências às mudanças nas estruturas de papéis dos alunos, focalizando suas relações nas salas de aula, no recreio e em outras atividades dentro da escola, envolvendo professores, colegas e demais integrantes da instituição.

Problema: as estruturas de papéis dos alunos e sua integração na dialética institucional.

Objetivo: investigar as estruturas de papéis dos alunos, buscando identificar as resistências e dificuldades quando instigados à mudança.

Estratégias básicas: para pesquisar as dificuldades e resistências à mudança, recorre-se à intervenção em grupos sociodramáticos, que são antecedidos e sucedidos de investigação sobre as representações cujas dificuldades e resistências à mudança se quer investigar.

SUBPROJETO 4. PAIS DE ALUNOS

BLOCO TEMÁTICO 4.1. INVESTIGAÇÃO

Tema: as representações e vivências dos pais sobre as relações de ajuda que estabelecem com seus filhos quando se ocupam de suas questões escolares.

Problema: as estruturas de papéis dos pais de alunos e sua integração na dialética institucional.

Objetivo: investigar as estruturas de papéis de pais de alunos, buscando delinear suas características.

Estratégias básicas: para investigação das estruturas de papéis, recorre-se às entrevistas individuais e/ou grupais, à interpretação lúdica de papéis e à observação participante.

BLOCO TEMÁTICO 4.2. DESENVOLVIMENTO

Tema: dificuldades e resistências às mudanças nas representações e vivências dos pais sobre as relações de ajuda que estabelecem com seus filhos quando se ocupam de suas questões escolares.

Problema: as estruturas de papéis dos pais de alunos e sua integração na dialética institucional.

Objetivo: investigar as estruturas de papéis de pais de alunos, buscando identificar as resistências e dificuldades quando instigados à mudança.

Estratégias básicas: para pesquisar as dificuldades e resistências à mudança, recorre-se à intervenção em grupos sociodramáticos, que são antecedidos e sucedidos de investigação sobre as representações cujas dificuldades e resistências à mudança se quer pesquisar.

CONSIDERAÇÕES FINAIS: A PRODUÇÃO CIENTÍFICA RESULTANTE

Desde o seu início, o Sociodrama Educacional, como uma linha de pesquisa-ação em Psicologia Escolar Institucional por meio de grupos sociodramáticos, já produziu: uma tese de doutorado, treze dissertações de mestrado, duas monografias de Conclusão do Curso de Especialização em Psicodrama e uma monografia de Conclusão do Curso de Bacharelado em Psicologia.

Das pesquisas, da tese de doutorado, das dissertações de mestrado e das monografias originaram as seguintes publicações científicas:

- três artigos em periódicos internacionais;
- treze artigos em periódicos nacionais;
- sete capítulos de livros;
- nove artigos completos em Anais de Reuniões Científicas;
- 59 resumos em Anais de Reuniões Científicas, sendo nove internacionais e cinqüenta nacionais.

Tais produções revelam o grande potencial para investigação científica do Sociodrama Educacional como estratégia de pesquisa-ação no contexto da Psicologia Escolar Institucional e a fecundidade do modelo teórico-metodológico apresentado neste trabalho. Confirmam também o valor heurístico das concepções de Moreno quanto às relações interpessoais em contextos institucionais. Na continuidade das pesquisas realizadas até o presente, espera-se ainda um refinamento das estratégias de investigação e de intervenção inspiradas no referencial sociopsicodramático.

Referências bibliográficas

ANDRADE, A. S. *Condições de vida, potencial cognitivo e escola*: um estudo etnográfico sobre alunos repetentes da primeira série do primeiro grau. 1986, 253f. Tese (Doutorado em Psicologia Escolar) – Instituto de Psicologia, Universidade de São Paulo, São Paulo, SP.

________. Quem são os alunos repetentes da primeira série do primeiro grau do município de Uberlândia. *Educação & Filosofia*, Uberlândia (MG), v. 2, n. 4, p. 127-52, 1988.

________. O cotidiano de uma escola pública de 1º grau: um estudo etnográfico. *Cadernos de Pesquisa*. n. 73, p. 26-37, 1990a.

________. A reprovação na primeira série do primeiro grau: em busca de soluções concretas. 1990b, 121f. Relatório (Licença Sabática) – Departamento de Psicologia da Universidade Federal de Uberlândia, Uberlândia, Minas Gerais.

________. "Resultados de uma intervenção em classes de alunos repetentes, com a mediação de estagiários de psicologia escolar". In: Ciclo de Debates – *Alfabetização: toda criança é capaz de aprender?* Instituto de Psicologia da Universidade de São Paulo, *Anais*, 1991/1992, p. 47-56.

________. "Psicodrama moreniano com alunos portadores de deficiência mental". In: GOYOS, A. C., ALMEIDA, M. A. e SOUZA, D. (orgs.) *Temas em Educação Especial III*, São Carlos: Ed. da UFSCar, 1996, p. 568-74.

________. "Uma abordagem psicodramática moreniana para o atendimento de crianças com dificuldades de aprendizagem nas séries iniciais da escolaridade". *Revista Brasileira de Psicodrama*. São Paulo, v. 5, n. 2, p. 93-106, 1997.

________. Refletindo sobre a relação professor-aluno em um grupo de professores do Ensino Fundamental. *Paidéia: Cadernos de Psicologia e Educação*. Ribeirão Preto, SP, v. 9, n. 16, p. 53-66, 1999a.

________. "Psicodrama aplicado a grupos de crianças com dificuldades de aprendizagem". In: ALMEIDA, W. C. de (org.) *Grupos:* a proposta do psicodrama. São Paulo: Ágora, 1999b, Cap. 11, p. 141-55.

________. "Sucesso, dificuldades e resistências no uso da criatividade e espontaneidade dramática na prática de sala de aula em um grupo de professores". In: GUARNIERI, M. R. (org.) *Aprendendo a ensinar:* o caminho nada suave da docência. Campinas: Autores Associados, 2000, Cap. 4, p. 61-76.

________. Deficiência mental, jogos e psicodrama: a importância dos jogos corporais no desenvolvimento do vínculo em grupos de crianças. *PSICODRAMA*: Revista da Sociedade Portuguesa de Psicodrama. Porto, Portugal, n. 6, p. 105-27, 2001a.

________. "Dos jogos corporais aos dramáticos: o processo evolutivo de dois grupos de crianças com dificuldades de aprendizagem numa abordagem psicodramática moreniana". Buenos Aires: Campo Grupal, 2001b. Disponível em <http://campogrupal.com/jogos.html>

________. Sociodrama educacional: grupos de professores, alunos e pais. *Revista da SPAGESP – Sociedade de Psicoterapias Analíticas Grupais do Estado de São Paulo*, Ribeirão Preto, SP, n. 3, p. 119-26, 2002.

ANDRADE, A. S. *et al*. *Aplicações do psicodrama à educação especial:* formação de professores em serviço (Resultados preliminares). Temas em Educação em Saúde, Araraquara, SP, v. 1, p. 43-52, 1996a.

________. *Grupos de socialização numa abordagem psicodramática para o atendimento de crianças com dificuldades de aprendizagem*. Temas em Educação em Saúde, Araraquara, SP, v. 1, p. 33-42, 1996b.

ANDRADE, A. S.; RUIZ, J. E. L.; FREITAS, S. F. *Atendimento de crianças com queixas associadas:* dificuldades de aprendizagem e problemas de comportamento através do psicodrama moreniano. Temas em Educação e Saúde, Araraquara, SP, v. 3, p. 85-98, 2000/2001.

ARAÚJO, C. M. M.; ALMEIDA, S. F. C. "Psicologia escolar institucional: desenvolvendo competências para uma atuação relacional". In: ALMEIDA, S. F. C. (org.). *Psicologia escolar*: ética e competências na formação e atuação profissional. Campinas: Alínea, 2003, Cap. 3, p. 59-82.

CAMPOS, H. R.; JUCÁ, M. R. B. L. "O psicólogo na escola: avaliação da formação à luz das demandas de mercado". In: ALMEIDA, S. F. C. (org.). *Psicologia escolar*: ética e competências na formação e atuação profissional. Campinas: Alínea, 2003, Cap. 2, p. 37-56.

CRUCES, A. V. V. "Psicologia e educação: nossa história e nossa realidade". In: ALMEIDA, S. F. C. (org.). *Psicologia escolar*: ética e competências na formação e atuação profissional. Campinas: Alínea, 2003, Cap. 1, p. 17-36.

LAPASSADE, G. *Grupos, organizações e instituições*. Tradução Henrique Augusto de Araújo Mesquita. Rio de Janeiro: Francisco Alves, 1977.

LEAL, A. *Fala Maria Favela*: uma experiência criativa em alfabetização. São Paulo: Ática, 1987.

MALUF, M. R. "Psicologia escolar: novos olhares e o desafio das práticas". In: ALMEIDA, S. F. C. (org.). *Psicologia escolar*: ética e competências na formação e atuação profissional. Campinas: Alínea, 2003, Cap. 7, p. 135-46.

MEIRA, M. E. M. "Psicologia escolar: pensamento crítico e práticas profissionais". In: TANAMACHI, E. R.; PROENÇA, M.; ROCHA, M. (org.). *Psicologia e educação*: desafios teórico-práticos. São Paulo: Casa do Psicólogo, 2000, p. 35-71.

MERLEAU-PONTY, M. *A estrutura do comportamento*. Tradução José de Anchieta Corrêa. Belo Horizonte: Interlivros, 1975.

MILAN, B. *O jogo do esconderijo*: terapia em questão. São Paulo: Pioneira, 1976.

MORENO, J. L. *Fundamentos de la sociometría*. Tradução J. Garcia Souza e Saùl Karsz. Buenos Aires: Paidós, 1972.

________. *Psicoterapia de grupo e psicodrama*. Tradução Antônio D. M. Cezarino Filho. São Paulo: Mestre Jou, 1974.

________. *Fundamentos de psicodrama*. Tradução Maria S. Mourão Neto. São Paulo: Summus, 1983.

________. *Psicodrama*. Tradução Álvaro Cabral. São Paulo: Cultrix, 1987.

________. e MORENO, Z. T. *El psicodrama*: terapia de acción y principios de su prática. Traduçaò Maria Elena Zuretti e Margarita N. Mizraji. Buenos Aires: Lumem-Hormé, 1995.

NAFFAH NETO, A. *Psicodrama*: descolonizando o imaginário. 2. ed. São Paulo: Plexus, 1997.

NEVES, M. M. B. J.; ALMEIDA, S. F. C. "A atuação da psicologia escolar no atendimento aos alunos encaminhados com queixa escolar". In: ALMEIDA, S. F. C. (org.). *Psicologia escolar*: ética e competências na formação e atuação profissional. Campinas: Alínea, 2003. Cap. 4, p. 83-103.

PATTO, M. H. *Psicologia e ideologia*. Uma introdução crítica da psicologia escolar. São Paulo: T.A. Queiroz, 1984.

________. *A produção do fracasso escolar*. São Paulo: T.A. Queiroz, 1990.

SARTRE, J. P. *Critique de la raison dialectique*. Paris: Gallimard, 1960.

SOUZA, M. P. R. "A queixa escolar na formação dos psicólogos: desafios e perspectivas". In: TANAMACHI, E. R.; PROENÇA, M.; ROCHA, M. (org.). *Psicologia* e *educação*: desafios teórico-práticos. São Paulo: Casa do Psicólogo, 2000. p. 105-41.

TANAMACHI, E. R. "Mediações teórico-práticas de uma visão crítica em psicologia escolar". In: TANAMACHI, E. R.; PROENÇA, M.; ROCHA, M. (org.). *Psicologia* e *educação*: desafios teórico-práticos. São Paulo: Casa do Psicólogo, 2000. p. 73-103.

3

INCLUSÃO E IDENTIDADES: NOVOS TEMPOS, VELHAS FRONTEIRAS

NORMA SILVIA TRINDADE DE LIMA

À GUISA DE UMA INTRODUÇÃO

Vivemos um tempo de velozes e variadas transformações.

Sensações de estranheza e descompasso são comuns.

Freqüentes são as necessidades incessantes que surgem e insistem em nos capturar e um cansaço indefinido diante de um tempo que supera os esforços humanos, seja para o cumprimento de expectativas, deveres, buscas e/ou realizações.

Os novos tempos questionam as velhas fronteiras.

Apesar da incerteza e do questionamento da procedência desses adjetivos – novo e velho –, assim como de sua relação de antagonismo, há um fluxo de mutação na atualidade. Por conseguinte, as marcas, os registros, os códigos, os sentidos e os significados na rede cultural e social vão sendo alterados, modificando as geografias, os territórios e suas fronteiras.

De fato, em muitos, senão em todos os âmbitos do conhecimento e dos costumes, há indícios e/ou processos de transformações.

Considerando a vasta possibilidade de discussão, este estudo limita-se ao universo educacional, mais especificamente o escolar, tendo como foco a identidade do professor e a inclusão escolar.

A escola inclusiva é um novo enunciado: incondicional, aberta e móvel, articulada à mudança paradigmática do pensamento contemporâneo. Nesse sentido, a complexidade das transformações impulsionadas por essa concepção educacional implica desconstruções, o que afeta o papel e a identidade do professor, concebidos em outras referências e critérios de pertença institucional e escolar.

O papel de professor conservado no imaginário e nas relações sociais não atende aos anseios da escola inclusiva, e uma crise de identidades é deflagrada.

A educação como agência de formação e de identidades protagoniza uma das crises emergentes no cenário atual, a crise de identidades.

Concordamos com Hall (2000, p. 7) que:

> As velhas identidades, que por tanto tempo estabilizaram o mundo social, estão em declínio, fazendo surgir novas identidades e fragmentando o indivíduo moderno, até aqui visto como um sujeito unificado. A assim chamada "crise de identidade" é vista como parte de um processo mais amplo de mudança, que está deslocando as estruturas e processos centrais das sociedades modernas e abalando os quadros de referência que davam aos indivíduos uma ancoragem estável no mundo social.

Nesse âmbito de problematização, apresentamos um recorte das discussões desenvolvidas por ocasião de meu doutoramento em Educação[1]. Trata-se de uma versão, atual e

1. LIMA, N. S. T. de. *Inclusão escolar e a identidade do professor:* a escola como palco de invenção.

possível, dados os esforços de investigação e reflexão sobre a interface inclusão/exclusão e os desdobramentos dessas fronteiras sobre a produção de identidades e o contexto escolar.

Diante de tal propósito, comentaremos a opção metodológica do estudo, apresentaremos a reflexão produzida a partir dos processamentos realizados sobre as sessões de teatro espontâneo e, finalmente, teceremos nossas considerações.

Abrindo as cortinas

Ante o dinamismo e a complexidade de nosso objeto de estudo, envolvendo fenômenos subjetivos e sociais, buscamos uma metodologia que superasse o âmbito de uma racionalidade positivista, dicotomizada e meramente intelectual. Optamos, em nossa investigação acadêmica, por uma ferramenta metodológica de ação dramática, o teatro espontâneo, criado por Jacob Levy Moreno (1984).

Em termos de modalidade de pesquisa acadêmica, trata-se de uma metodologia que apresenta características de um estudo qualitativo e de uma pesquisa-ação, dado o seu caráter de intervenção que impulsiona transformações na realidade pesquisada.

Por outro lado, é uma metodologia específica, que apresenta um repertório técnico, etapas e procedimentos de realização particulares – o aquecimento, a dramatização e o compartilhamento. Há, ainda, uma quarta etapa, o processamento, geralmente utilizado para fins didático-pedagógicos, que diz respeito à compreensão teórica do evento realizado.

Em nosso estudo original, utilizamos a quarta etapa – o processamento – como procedimento correspondente à análise de dados da pesquisa, operacionalizando a reflexão e a produção de conhecimentos acerca da produção coletiva do evento socionômico realizado à luz dos conceitos teóricos da obra moreniana.

Ressaltamos o teatro espontâneo, dado o seu caráter inovador, em dois sentidos: primeiro, por permitir abordar a subjetividade em seus processos de construção identitária, como problematizadores da inclusão e vice-versa, destacando e desvelando questões emergentes; segundo, por trabalhar com a obra de Moreno, visando à construção de novos conhecimentos a respeito de uma realidade conhecida e conflitiva, como é o cotidiano e o contexto escolar inclusivo.

Tendo em vista a sintonia e a compatibilidade conceitual entre os princípios inclusivos e a transição paradigmática da pós-modernidade, na qual nos situamos, consideramos que a metodologia do teatro espontâneo, calcada em recursos e linguagens que ultrapassam o verbal, avança sobre a razão cartesiana, linear e causal. A ação dramática, a dramaturgia e a representação de personagens oferecem uma abordagem alternativa para tratar questões subjetivas, socioculturais e interpessoais, como é o caso das identidades profissionais. Essas linguagens teatrais proporcionam recursos técnicos que dão visibilidade à subjetividade e seus conflitos, por meio da externalização e concretização em forma de histórias, personagens e cenas. E, também, a socialização e o compartilhamento de situações do cotidiano e conflitos das pessoas em seus respectivos grupos sociais proporcionam uma oportunidade de reflexão e de gestação de novas respostas, a partir da possibilidade experimental de situações improvisadas.

Trabalhamos com as questões identitárias em ação, por meio de desempenhos de papéis no contexto dramático, manifestando-se e revelando vários aspectos atuantes, tantas vezes desconsiderados ou desconhecidos, como os sentimentos, os valores, os afetos.

O campo de pesquisa do estudo realizado foi delimitado em duas escolas no interior de São Paulo, uma escola municipal de Ensino Fundamental (Emef) e um centro educacional especializado. Nessas escolas, formaram-se voluntariamente dois grupos de professores: um na escola regular com professores do Ensino Fundamental, e o outro no centro educacional especializado, cujos professores eram pedagogos com especialização em deficiência mental.

Durante um semestre, no ano 2000, foram realizadas sessões quinzenais de teatro espontâneo com os dois grupos de professores, distintamente.

Elegemos, para processar, apenas uma sessão das realizadas com cada um dos grupos estudados. Para tanto, apoiamo-nos no conceito de protagonização, pelo qual parte e todo guardam entre si uma relação de interdependência. O protagonismo é uma noção essencial para a compreensão da sociodinâmica e da sociometria. Sendo o teatro o paradigma da teoria moreniana, numa peça teatral, o ator principal é o protagonista, definido por Alves (1994, p. 50) como: "o elemento do contexto dramático que surge através de um personagem no desempenho de um papel, questionador de sua ação e sua emoção e representante emocional das relações estabelecidas entre os elementos de um grupo".

Lembramos que consideramos o todo como uma aproximação, uma invenção, um vir a ser indefinido, posto que ele é mais e menos que a soma das partes (Morin, 2001).

De fato, "[...] o protagonista expõe sua identidade e, através dela, a de seu átomo social, o qual, por sua vez, expõe a rede, que por seu turno aponta para a coletividade mais ampla, em círculos concêntricos e áreas correlatas *ad infinitum*" (Aguiar, 1990, p. 96).

Apresentamos a seguir a reflexão produzida a partir da articulação dos processamentos realizados sobre as distintas sessões com o grupo de professores da escola regular e o da escola especial.

Identidades em Cena

Segundo Silva (2000, p. 89),

> A possibilidade de cruzar fronteiras e de estar na fronteira, de ter uma identidade ambígua, indefinida, é uma demonstração do caráter artificialmente imposto das identidades fixas. O cruzamento de fronteiras e o cultivo propositado de identidades ambíguas é, entretanto, ao mesmo tempo, uma poderosa estratégia política de questionamento das operações de fixação de identidade.

Metodologicamente, tivemos dois momentos protagônicos específicos de cada grupo. De forma sucinta, reapresentaremos os conflitos das duas cenas processadas, com o intuito de orientar a articulação.

No grupo da escola regular, os professores ressentiam-se, e/ou sofriam, das repercussões de uma imposição: a de implementar a inclusão escolar. A opção pela educação inclusiva tinha sido feita por outrem, a Rede de Ensino, cabendo aos professores efetivá-la. Emergiram, então, os impasses. Como implementá-la? Como ser esse novo professor? O que fazer para ser um bom/competente professor?

No grupo da escola especial, o impasse ocorreu diante de uma orientação educacional: inclusiva ou excludente? Era a mãe ante a escolha do melhor modo de educar o filho. Como é melhor educar: tradicionalmente, separando os diferentes, ou incluindo as diferenças?

A protagonista do primeiro grupo foi uma professora em busca de ajuda a fim de suprir as carências emergentes, e não atendidas, com respeito ao desempenho e ao reconhecimento de seu papel, em um novo projeto de educação de uma Rede de Ensino Municipal. O modo de implementação do projeto provocou diversas reações na professora, especialmente o questionamento quanto à sua competência profissional, e vários sentimentos, como o de orfandade e solidão. Ao longo de sua experiência docente, os mecanismos e os procedimentos institucionais que nortearam o papel do professor eram bem definidos e objetivos, servindo de parâmetros que respaldavam a sua prática em sala de aula.

Povoado por sentimentos de impotência, incompetência, frustração e solidão, o drama da protagonista definiu-se: como ser uma professora inclusivista? O que se espera de mim? Quais são os referenciais, os parâmetros de minha nova conduta? Quais são os critérios dessa nova relação de pertença? O que fazer com os referenciais sobre os quais me formei, que me orientaram profissionalmente e funcionaram até agora?

Na situação cênica da escola regular, a professora, ao sentir-se perdida, confusa e solitária no exercício de seu mandato social, expôs as referências constituintes de sua identidade, colocando-a em questão. Uma crise de identidade foi, então, deflagrada.

No grupo da escola especial, o conflito da protagonista, uma mãe novata, relacionava-se ao modo de educar o filho. Diante de suas duas amigas, representantes de concepções educacionais antagônicas, e da tradição de sua família, a mãe deixou-se manipular pelo filho, envolta em ambigüidades e hesitações quanto à melhor maneira de educá-lo.

O conflito ficou claramente explicitado: exponho o meu filho a um ambiente que não lhe é habitual ou o resguardo de situações que envolvem crianças diferentes dele?

Assim, o questionamento sobre o melhor modo de educar, incluindo ou excluindo as diferenças, apresentou-se como o tema protagônico.

Ora, ambas as cenas tratam de conflitos concomitantes, complementares e extremamente atuais. Podemos mesmo pensar em uma complementaridade entre as duas protagonizações, como um diálogo entre os dois grupos, uma vez que são amostras que compõem uma mesma realidade, o universo educacional envolvido com a inclusão escolar, em lugares distintos: a escola especial e a regular.

Apresentaram-se duas versões, diferentes e ao mesmo tempo próximas, na concomitância de suas interfaces, que se alternam em uma única realidade: a educacional.

O drama é complexo. Ele não é reto, linear, mas cheio de tensão e com interfaces. Há lutas entre o instituído e a renovação, entre o estabelecido e a mudança.

Em termos morenianos, o drama expressa a intrínseca relação entre a conserva cultural e a criação. O drama não se esgota no âmbito privado, pessoal do protagonista, mas, segundo Aguiar (1990), desvela fragmentos de contradições e de conflitos de dado tecido social; é um recorte microssocial e micropolítico, com conexões em contextos mais amplos.

A protagonização da professora mostrou a vivência do descompasso quando as expectativas de desempenho de papel construídas socialmente não são correspondidas. Nas relações e nos sentimentos de pertença, a mudança no sistema de referência dos relacionamentos sociais abala toda uma estrutura de interação e os padrões de conduta. No caso, a professora, acostumada a um sistema educacional apoiado em um tipo de autoridade que definia o encaminhamento do cotidiano escolar, por regras e procedimentos padronizados, sentiu-se abandonada e sem rumo quando deparou com a ausência do contrapapel institucional tradicional, estando impossibilitada de reconhecer um novo contrapapel. O tipo de tutela do contrapapel tradicional correspondia às expectativas construídas em todo processo anterior de construção da identidade do professor, proporcionando uma sensação de familiaridade, segurança e norte ao seu desempenho. Sua identidade era legitimada e atribuída naquele universo, naquela relação de pertença.

Nessa perspectiva, a escola, nos manejos e procedimentos que definem os padrões de relacionamento interpessoal, é a matriz institucional por excelência de agenciamentos de identidades ou modos de construção identitária. Nesse sentido, concordamos com Tardif e Raymond (2000), pelos quais a formação de professores não se restringe aos momentos de formação escolar formal, inicial, continuada ou em serviço, mas ocorre a partir das experiências escolares mais tenras, desde quando somos alunos e, posteriormente, como professores.

A este propósito, Morin (2001) articula a reforma do ensino à reforma do pensamento, afirmando que a identidade do professor, ao mesmo tempo que se inspira em um modelo de ensino, dele também decorre. O autor considerou danosos e inadequados os efeitos do modelo de pensamento propagado pelo ensino tradicional, que leva à fragmentação do saber, ao desenvolvimento disciplinar das ciências e à superespecialização. Os efeitos e prejuízos do paradigma da ordem por exclusão da desordem na educação e em sua organização institucional são destacados, por Morin, em termos de ineficiência e disfuncionalidade, pois ele não permite a apreensão e o desenvolvimento de um conhecimento complexo dos fenômenos. Esse paradigma da ordem provoca e agrava o descompasso entre os desafios que a globalidade e a multidimensionalidade da sociedade contemporânea apresentam e a concepção determinista-mecanicista do universo.

Uma postura fechada em si mesma, excluindo as contradições e/ou a visão de conjunto, é inapropriada para a educação nos tempos atuais, posto que a missão do ensino não se esgota na transmissão do saber, mas em "uma cultura que permita compreender nossa condição e nos ajude a viver, e que favoreça, ao mesmo tempo, um modo de pensar aberto e livre". E, citando Kleist, apesar do saber não nos tornar melhores nem mais felizes, "a educação pode ajudar a nos tornarmos melhores, se não mais felizes, e nos ensinar a assumir a parte prosaica e viver a parte poética de nossa vida" (Morin, 2001, p. 11).

A propósito das idéias dos autores citados acima, a formação dos professores acontece antes e depois do processo de capacitação profissional propriamente dito.

De fato, as experiências de vida, de maneira geral, entrecruzam-se, compondo uma rede cujos significados, símbolos e sentidos foram selecionados, apreendidos e atribuídos pelo contexto cultural e seus valores. O tipo ou as características da rede tecida têm a ver com o processo e/ou as condições de tessitura e com os componentes constitutivos. Assim, cogitamos que uma rede pode tornar-se restritiva e empobrecida à medida que suas possibilidades de interação com componentes diferentes estejam fixadas em padrões de relacionamento rígidos e preconcebidos. Diferente característica teria uma rede tecida a partir da heterogeneidade de seus componentes, cujos relacionamentos se estabelecem na singularidade de cada interação, isto é, cada circunstância evoca um tanto de improviso e criação. Provavelmente, essa rede seria moldada por um feitio inusitado: incompleta, infinitamente inacabada e, por isso mesmo, aberta a novas interações.

Por analogia, pensemos nas concepções de identidade e seus processos de construção. Hall (2000), referindo-se ao veloz processo de transformação que a vida contemporânea impõe aos sujeitos e às suas identidades, discute os modos de produção de identidades que tendem à fixação, naturalizando-se, em contrapartida, as possibilidades de identificações plurais, permitindo a um sujeito, em diferentes momentos, assumir identidades diferentes conforme as interpelações sociais.

Identificamos esse tipo de crise nas escolas, uma crise de identidade dos professores deflagrada pela educação inclusiva em razão das necessárias transformações nos procedimentos escolares, próprias dos deslocamentos conceitual e organizacional, como discute Lima (2002).

Nesse sentido, concordamos com Hall (2000) ao relacionar a crise de identidade em curso na sociedade moderna ao impacto de um amplo processo de mudança nos quadros de referência que serviam de ancoragem ao mundo social.

Como o objeto de discussão dessa tese é a identidade dos professores, lembramos que ela é desvelada pelo desempenho de papéis. Sabemos que um papel é construído em um sistema de relações sociais, diretamente concatenado aos contrapapéis imediatos e mediatos que lhes conferem sentido e existência, apoiados em valores eleitos pelo grupo cultural.

Os papéis desempenhados pelos professores, de maneira geral, são multipolares, envolvendo valores próprios de todo o contexto educacional. Nessa mesma perspectiva, as identidades são construídas e atribuídas pelas relações de pertença social e institucional, por meio dos desempenhos de papéis (Aguiar, 1990).

Enquanto Aguiar contribuiu com um recorte microssocial, Silva (2000) discutiu o processo de construção social de identidades e de diferenças como procedimentos simultâneos que implicam demarcações de fronteiras de pertencimento e exclusão, pois distinguir, eleger e classificar o que fica dentro e o que fica fora significa hierarquizar o mundo social. Sendo assim, esse privilégio envolve um campo de luta e de forças, isto é, de relações de poder.

Nos dois casos, o engendramento social de identidades e, conseqüentemente, de diferenças afirma-se em exercícios de poder. Estes estão presentes e pulverizados nos relacionamentos interpessoais na escola. Afinal, o sistema escolar, ainda apoiando-se em padrões de conduta e critérios de classificação definidos *a priori*, realiza um processo de normalização, "um dos processos mais sutis pelos quais o poder se manifesta no campo da identidade e da diferença" (Silva, 2000, p. 83).

A problemática de identidade sugerida pelo conflito de incluir ou excluir, identificado nas cenas deste estudo, encontra-se presente, historicamente, na educação de maneira geral, em nossos dias. Ainda que não assumida de forma explícita, pelo fato de politicamente o discurso inclusivo ter ganhado terreno, não nos enganemos, pois a experiência mostra que as oposições e as resistências ao movimento inclusivo disfarçam-se e sofisticam-se de várias formas, tantas quantas forem as estratégias de poder pulverizadas e maquiadas no social e nas relações interpessoais.

A identidade do professor, tanto quanto o papel, é uma construção social, tecida em exercícios de poder específicos à organização escolar.

A respeito da identidade e das diferenças, Placer (1998, p. 136) indagou:

> Que modos de fragmentar e de experimentar o dentro e o fora, de inventar e descobrir, de unir e separar acabaram fazendo de nós seres adeptos da delimitação, devotos da finitude, apegados à determinação, isto é, seres reivindicadores de identidade ou o que no fundo e como veremos não é senão o mesmo, seres ébrios de diferença?

Por tudo isso, nosso estudo não trata de um problema de identidade, mas das identidades como problemas, isto é, das implicações de um modo de construção em seus procedimentos e padrões de relacionamento, de atribuição e de fixação.

As duas situações protagonizadas neste estudo revelaram uma tensão entre o conhecido e o novo, entre a exclusão como conserva e a inclusão como criação.

Por serem presas da conserva cultural, as protagonistas encontravam-se sem guias ou mapas seguros diante de um caminho que não conheciam bem, não previsível e/ou controlado antecipadamente, o que as deixou em dúvida quanto ao "como" e "por onde" prosseguir.

Anterior e, ao mesmo tempo, concomitante ao "como incluir" ou "como ser professor inclusivista", a dúvida quanto ao melhor modo de educar, incluindo ou excluindo, parece-nos submersa nos conflitos identitários denunciados nas tramas.

A questão da opção educacional e da credibilidade e/ou da disponibilidade para a compreensão de um novo projeto educacional emergiu de forma difusa e angustiante nas protagonistas, apresentando-se, funcionalmente, como um impedimento à inclusão.

Ainda que os conflitos revelados nas duas cenas sejam complementares e simultâneos na realidade social, as composições das tramas e os dramas das protagonistas são possibilidades, dados os atravessamentos e recortes das relações de pertença institucionais em jogo.

Em outras palavras, não é por acaso que tenha sido o grupo da escola especial a revelar a dúvida quanto ao melhor modo de educar, incluir ou não. O grupo da escola regular, apesar da mesma dúvida latente, destacou as repercussões da inclusão nos professores e em suas identidades.

No grupo da escola regular, as dúvidas e as críticas ao modo de implementação do projeto inclusivo potencializaram-se e/ou camuflaram o conflito subjacente quanto à opção educacional inclusiva ou excludente. De fato, para esses professores, a escolha da inclusão como modo de educar não é uma questão de direito, mas de dever, uma vez que a educação para todos é um direito constitucional dos alunos. Nesse sentido, os professores, em suas queixas e críticas, quando se referiam à inclusão, diziam que eles só tinham deveres e os alunos, direitos!

Considerando a circunscrição institucional e as suas relações de pertença, o grupo ressaltou muito bem durante todo o trabalho de campo a relação dos professores com a proposta de inclusão escolar, atravessada pela dinâmica institucional e funcional não só da escola em questão, mas de todo um sistema educacional mais amplo. Ou seja, destacou-se a incidência capilar do poder, em suas formas de produção e sujeição (Foucault, 1998). A constelação institucional da educação municipal, os desempenhos de papéis de seus atores e os mecanismos reguladores dos relacionamentos nessa conjuntura hierárquica foram o cenário da trama e dos dramas dos professores diante da inclusão, com destaque para a repercussão desse processo em âmbito pedagógico, mas, sobretudo, pessoal.

Parece óbvio que se trata de uma questão delicada que potencializa os conflitos diante da inclusão, assim como as oposições ou resistências à implementação de propostas educacionais dessa natureza.

A professora/protagonista mostrou a sua perplexidade e necessidade de ajuda diante da mudança ocasionada pelo novo projeto educacional que afetava os padrões de relação interpessoal e institucional que reconheciam e legitimavam a sua identidade.

É nesse sentido que, a nosso ver, os conflitos complementam-se, alternam-se e coexistem; com isso, afirmam a sua extensão e complexidade. Atualmente, na educação, de maneira geral, os conflitos coincidem com os que foram revelados pelas protagonistas.

Seja na escola regular ou na escola especial, a inclusão ainda é uma novidade que assusta e desestabiliza os alicerces sobre os quais pisamos, pensamos, agimos, sentimos, julgamos, enfim, educamos.

A dúvida, a ambigüidade e a insegurança das protagonistas das duas escolas são as mesmas de muitos professores e lideranças envolvidas com a educação, sinalizando uma crise de identidade dos professores em curso diante das transformações que a inclusão escolar propõe.

A efetivação da inclusão escolar tem sido responsabilidade dos professores das escolas regulares, apesar de muitas variáveis institucionais, como a compreensão do processo de transformações das escolas em direção à inclusão, e das condições de trabalho propriamente ditas, como as organizacionais.

Mais uma vez, concluímos com este estudo que é a escola regular e os seus professores que podem impulsionar e implementar a educação inclusiva nas escolas, apesar do atravessamento de determinantes sociais e políticos.

Esse posicionamento é bastante polêmico. Outras interpretações defendem que a educação especial é que deve nortear a inclusão, sendo assim implementada em algumas Redes de Ensino no Brasil, como concluiu Almeida (2003) em seu estudo sobre a implementação da inclusão escolar na Rede Estadual de Ensino de Goiás.

O entendimento de que a educação especial substitui o ensino regular justifica a manutenção da dicotomia do ensino brasileiro, nessas duas modalidades, trocando o paralelismo institucional por uma justaposição de domínios educativos.

Ambas as protagonizações estudadas estiveram envoltas em incertezas, divergências, medos e inseguranças diante da indeterminação de um papel e de uma identidade em processo de transformação.

Em uma metáfora, podemos pensar em uma esquina, um desvio e o risco de ousar criar, fugir do previsto, escapando do controle da prescrição.

Sem dúvida, é muito desconfortável esse momento desconhecido que não oferece garantias e/ou resultados mensuráveis. De fato, tudo parece muito estranho, considerando o universo de onde viemos. A lógica que norteou a sensatez das mentalidades e condutas, até então, apoiou-se em critérios de determinação, previsibilidade, estabilidade, continuidade e outras características da racionalidade cartesiana e moderna. Retomando, a imagem desenhada, tanto em uma cena quanto na outra, é a de uma encruzilhada, cujo sentido e intensidade são uma tensão entre a conserva cultural e a criação. Dito de outra forma: deparamos, nos dois casos, com o inusitado, e isso deflagra a dificuldade de criar o novo.

Os papéis sociais são uma conserva cultural e as cenas mostraram um momento, aqui e agora, muito especial: a crise de um papel em um cenário mutante. O papel conservado não dispõe de referências/repertórios para interagir e/ou responder às novas questões que emergem no cotidiano escolar. E, então, as protagonistas nos ofereceram o desconforto do desafio de seus papéis carentes e, nessa defasagem, a relação entre a conserva cultural e a criação foi enunciada.

Viveram o medo do novo, a insegurança da orfandade ao apropriarem-se da responsabilidade que demanda ousadia para a superação de uma tutela. Sentiram a solidão existencial diante da escolha e a tênue e visceral ligação entre a criatura e o criador, pois, para nascer, é preciso deixar... romper o cordão umbilical, apesar da dor e do susto que o desconhecido provoca.

Moreno (1992, p. 106-13[2]) nos brinda em *As palavras do pai* com uma descrição poético-filosófica a respeito da relação criador/criatura, exaltando a necessidade do homem criador:

> Eu te criei
> para que sejas tu mesmo,
> para lutar por si mesmo,
> para lutar por teu nascimento
> e por tua morte.
> Teu nascimento é teu direito.
> Tua vida é teu direito.
> Tua morte é teu direito.
> Não permitas que ninguém os leve de ti.
> [...]
> Todos os homens nasceram para criar.
> Aquele que não cria não deveria ter tal poder.
> Ninguém deveria ter mais poder
> Do que aquele que ele mesmo cria.

2. Tradução do original em inglês: *The words of the father* (1971).

Cerrando as cortinas

Independentemente da opção educacional de cada um de nós, a inclusão escolar rodeia a todos, pois já faz parte das políticas e dos discursos educacionais mais amplos. Esse novo caminho educacional não oferece o conforto dos procedimentos familiares, normatizados, previsíveis e mensuráveis que tutelavam a prática pedagógica, objetivando e individualizando o fenômeno educativo e escolar. Insistimos que a inclusão gera um grande incômodo e dificuldade para toda uma geração educada sob os cânones da hegemonia do pensamento moderno, cartesiano e cientificista, cujas referências e valores baseavam-se em uma interpretação de mundo e de fenômeno social muito diversa da perspectiva contemporânea.

As identidades encontram-se diante de uma realidade mutante que se impõe inexoravelmente. As referências que inspiravam os padrões de conduta, julgamento e valores do mundo social declinam ante a emergência de novos parâmetros, anseios e ferramentas conceituais de uma nova inteligibilidade educacional. Diversos enunciados são propostos, tentando definir ou identificar o complexo e voraz fenômeno de transformação que vivemos em tempos atuais. Como luzes em um prisma, diferentes possibilidades de compreensão são comunicadas, conforme os campos do conhecimento. Na educação, a inclusão escolar é um desses novos enunciados, articulado à mudança paradigmática do pensamento contemporâneo e à crise de identidades por ele provocada. Apesar de ainda estar aquém no universo educacional, e justamente por isso, tanto em discussões quanto, principalmente, na formação de professores, a relevância desses novos enunciados inspirou o recorte de nosso estudo. Afinal, concordamos com Santos (1988, p. 71) que nos situamos em um momento de transição, cujas dificuldades, em suas palavras, têm a ver com o fato de que "duvidamos suficientemente do passado para imaginarmos o futuro, mas vivemos demasiadamente o presente para podermos realizar nele o futuro".

Essa citação é muito feliz ao iluminar uma série de impedimentos que a mentalidade educacional cristalizada, de maneira geral, tem oferecido à escola inclusiva; assim como Hall (2000), ao discutir as implicações do processo de mudança nas concepções de sujeito e na instalação de uma crise de identidade, proporciona outro foco de luz sobre as identidades em crise, reveladas neste estudo.

De fato, a inclusão escolar sugere um cenário educacional diferenciado a partir da emergência de novos personagens e novos processos de conhecimento. A sustentabilidade da identidade do professor gestada em outro cenário, a escola excludente e seus procedimentos ficam deslocados e inoperantes, produzindo efeitos como a sensação de insegurança, incompetência e outros sintomas de uma identidade em crise.

Estranha é a situação, desconfortável é esse novo lugar de sujeito, desconhecido é o caminho que provoca singulares sentimentos e reações...

Constatamos que a inclusão escolar, como proposta pedagógica aberta e móvel, coloca-se na contramão da escolarização tradicional. Ao modificar as referências que ordenam o processo educacional e, sobretudo, os critérios de pertença, a identidade do professor é afetada, ou melhor, desafiada pela inclusão.

Como já mencionado anteriormente, em termos morenianos, todo papel tem a ver e/ou é solicitado pelo contexto no qual está inserto. O papel de professor é parte de determinado processo educativo. Ele integra uma concepção de escola, de educação e de sociedade.

A educação orquestrada pelos processos de disciplinarização e normatização dos corpos, dos sentidos, das condutas e das identidades fixadas agoniza no novo cenário, pois não aprendeu e não ensinou seus pupilos a interagir com a imprevisibilidade das diferenças. Os professores de formação tradicional espelham-se, ainda, na norma; aprenderam a obediência, constituíram-se na ordem e alimentam a expectativa de recompensa do progresso escolar. Aprendido e apreendido pelas expectativas sociais, esse é um papel social conservado no imaginário e nas relações sociais, gestado por uma cultura elitista e excludente. Este seria um bom motivo para que a formação dos professores fosse repensada. As características do papel de professor conservador não atendem aos anseios de uma escola inclusiva aberta, contingente e criada coletivamente na localidade e alteridade de seu grupo cultural. O papel de professor, como habitualmente conhecemos, perde-se diante dos novos alunos e da escola inclusiva. Seu repertório e suas conexões basearam-se em outras referências educacionais e, sendo assim, não contam com recursos próprios que os auxiliem a interagir com as situações emergentes na sala de aula inclusiva. Os elementos, as características, as demandas e as composições da escola inclusiva são bem distintos de uma escola ainda cristalizada. As articulações que engendram o paradigma inclusivo são bastante diferentes das que sustentam a visão de mundo da escola excludente, em que a identidade do professor foi concebida.

É nesse sentido que o papel de professor como o conhecemos, de maneira geral, torna-se um dos impedimentos à efetivação de uma nova práxis escolar, a inclusiva, uma vez que esta requer outros sentidos e características, outro perfil, um novo papel de professor.

Questionamos até se não seria inadequado continuar nomeando esse novo papel de *professor*. Afinal, os nomes carregam uma série de sentidos, significados e valores colados em seu enunciado, que afetam o desempenho desses papéis, dificultando e/ou até mesmo bloqueando a criação.

O novo papel não é uma continuidade do antigo. Não se trata de um movimento evolutivo, um aperfeiçoamento ou uma singularização do *mesmo*. Assim como não é uma nova síntese entre partes já estabelecidas: estruturas ou arquétipos. Tampouco se inspira em modelos anteriores e/ou semelhantes, como concebeu Moreno a respeito do desenvolvimento de papéis, oriundos de um cacho de papéis que se ramificaria, inspirando outros papéis.

Assim como a inclusão é uma ruptura com a concepção educacional tradicional, o processo de criação de um novo papel de professor na escola inclusiva também implica uma descontinuidade. Ele é *outro*. Não se trata de uma substituição de modelos, uma nova homogeneização, pois a ousadia e a radicalidade da inclusão assentam-se sobre a autonomia e a alteridade microssocial e micropolítica da escola e, obviamente, de seus integrantes, para que fluxos criativos e espontâneos possam inventar e reinventar novas possibilidades de inteligibilidade, novos agenciamentos de subjetivações. Não mais antagonismos, polaridades, verticalidades, mas vetores dissidentes, fluxos heterogêneos e nômades em processos de heterogêneses, isto é "*processos contínuos de ressingularização*", constituindo novos territórios existenciais, como propôs Guattari (2001).

A escola inclusiva é local, os alunos são encarnados, os saberes são múltiplos e o processo do conhecimento é complexo; um devir, cuja metáfora é um rizoma, ao contrário da árvore (Gallo, 1999).

Insistimos que a criação do novo papel de professor envolve ruptura. Isso não quer dizer que o papel de professor atual não seja parte desse processo. Sim, ele faz parte como relação entre conserva e criação (Moreno, 1992). Tanto assim que o sofrimento dos professores diante da inclusão é uma denúncia da esclerose de suas identidades e da inadequação de seus papéis. Anunciação, provável, de morte e nascimento! Como bem destacou Arendt (1997, p. 223), "a essência da educação é a natalidade, o fato de que seres nascem para o mundo". E nós estabelecemos uma estreita relação entre educação e natalidade, dada a interface entre continuidade e descontinuidade com a chegada de novos seres em um mundo velho.

Queremos, com isso, ressaltar que as mudanças impulsionadas pela inclusão, como discute Mantoan (1997, 2001, 2003), implicam desconstruções, tanto na escola pública quanto na especial, o que afeta o papel e a identidade do professor, revelando a necessidade de criação de um novo papel e, portanto, de uma nova identidade.

Não é uma reforma que se propõe, é uma invenção.

É nesse sentido que a identidade do professor é afetada e a sua subjetividade é convocada pela inclusão escolar, dado o reconhecimento que o processo de escolarização agencia e produz identidades. Essa é uma diferença significativa no que diz respeito à educação inclusiva e ao papel das subjetividades em seus modos de subjetivação, se comparada à educação tradicional.

Sem dúvida, parece-nos relevante essa reflexão acerca dos agenciamentos que tivemos, ou seja, os padrões de relacionamento sobre os quais construímos nossa identidade, assim como os agenciamentos que fazemos sobre outras identidades, baseados nos padrões de relacionamentos sociais que estabelecemos e nos que já estão estabelecidos socialmente.

Por tudo que destacamos neste estudo, é urgente e fundamental reconhecer o papel das subjetividades no processo educacional, uma vez que a escolarização opera agenciamentos e engendra identidades.

Assim como é relevante mencionar que a concepção de escola sobre a qual refletimos e trabalhamos, inspirada na inclusão, não é uma idealização acadêmica norteada por um "dever ser", mas uma construção e reconstrução constante e coletiva de nosso papel e percurso profissionais diante dos desafios que a exclusão em suas formas, sutilezas e violências suscitou em nós.

As oportunidades de participação, investigação e intervenção em várias instâncias educacionais e escolares, utilizando ferramentas alternativas em pesquisa educacional, como o teatro espontâneo, instigam a nossa responsabilidade e a necessidade de inovação, ou melhor, de co-criação. Discutimos a nossa práxis e compartilhamos nossas reflexões no intuito de produzir uma versão possível a respeito de uma realidade que paradoxalmente nos encanta e nos assusta – a escola e a sua produção de identidades.

Concordamos com Guattari (2001, p. 55) que "[...] é exatamente na articulação: da subjetividade em estado nascente, do *socius* em estado mutante, do meio ambiente no ponto em que pode ser reinventado, que estará em jogo a saída das crises maiores de nossa época".

Este estudo não pretende fixar, concluir, mas mover e fecundar, um redimensionamento da educação e sua relação com as identidades, tendo em vista a formação de novos cidadãos com múltiplas e legítimas possibilidades de expressões e pertencimentos. Em suma, uma nova mentalidade.

A necessidade de renovação, de coletividade, de criatividade e espontaneidade é mais do que nunca atual ou, ainda, uma questão de sobrevivência, como anunciou Moreno (1992, p. 114), posto que:

> Todos os criadores estão a sós
> Até que o seu amor pela criação
> Forme um mundo ao seu redor.

Referências bibliográficas

AGUIAR, Moysés. *O teatro terapêutico*: escritos psicodramáticos. Campinas: Papirus, 1990.

ALMEIDA, Dulce Barros de. *Do especial ao inclusivo*: um estudo sobre a proposta de inclusão escolar da Rede Municipal de Ensino de Goiás na cidade de Goiânia/GO. Tese (Doutorado em Educação) – Faculdade de Educação, Universidade Estadual de Campinas, Campinas, São Paulo, 2003.

ALVES, Luis Falivene. O protagonista: conceito e articulações na teoria e na prática. In: *Revista Brasileira de Psicodrama*, 2, p. 49-55, 1994.

ARENDT, Hannah. *Entre o passado e o futuro*. São Paulo: Perspectiva, 1997.

FOUCAULT, Michel. *Microfísica do poder*. 13. ed. Organização e tradução de Roberto Machado. Rio de Janeiro: Graal, 1998.

GALLO, Silvio. "Transversalidade e educação: pensando uma educação não-disciplinar". In: ALVES, Nilda e GARCIA, Regina Leite (orgs.). *O sentido da escola*. Rio de Janeiro: DP&A, 1999.

GUATTARI, Félix. *As três ecologias*. Campinas: Papirus, 2001.

HALL, Stuart. *A identidade cultural na pós-modernidade*. Rio de Janeiro: DP&A, 2000.

LIMA, N. S. T. de. Educação, identidades e psicodrama. In: *Anais do XIII Congresso Brasileiro de Psicodrama*, 2002. Costa do Sauípe/BA.

________. *Inclusão escolar e a identidade do professor:* a escola como palco de invenção. Tese (Doutorado em Educação) – Faculdade de Educação, Universidade Estadual de Campinas, Campinas, São Paulo, 2003.

MANTOAN, Maria Teresa Eglér. *Ser ou estar, eis a questão*: explicando o déficit intelectual. Rio de Janeiro: WVA, 1997.

________ *et al*. *A integração de pessoas com deficiência*: contribuições para uma reflexão sobre o tema. São Paulo: Ed. Senac, 1997.

________ (org.). *Pensando e fazendo educação de qualidade*. São Paulo: Moderna, 2001.

________. *Inclusão escolar*: o que é? Por quê? Como fazer? São Paulo: Moderna, 2003.

MORENO, Jacob Levy. *O teatro da espontaneidade*. São Paulo: Summus, 1984.

________. *Quem sobreviverá?* Fundamentos da sociometria, psicoterapia de grupo e sociodrama. Goiânia: Dimensão, 1992.

________. *As palavras do pai*. Campinas: Editorial Psy, 1992.

MORIN, Edgar. *A cabeça bem-feita*: repensar a reforma, reformar o pensamento. Tradução Elóa Jacobina. Rio de Janeiro: Bertrand Brasil, 2001.

PLACER, González F. "Identidade, diferença e indeferência – o si mesmo como obstáculo". In: LARROSA, Jorge e LARA, Núria Pérez de (orgs.). *Imagens do outro*. Petrópolis: Vozes, 1998.

SANTOS, Boaventura de Sousa. "Um discurso sobre as ciências na transição para uma ciência pós-moderna". In: *Revista de Estudos Avançados*. São Paulo, USP, p. 46-71, maio 1988.

SILVA, Tomaz Tadeu da (org.). *Identidade e diferença*: a perspectiva dos estudos culturais. Petrópolis: Vozes, 2000.

TARDIF, Maurice; RAYMOND, Danielle. *Saberes, tempo e aprendizagem do trabalho no magistério*. Educação & Sociedade. Ano XXI, n. 73, p. 209-43, dez. 2000.

4

Qualificação de jovens — Projeto "Encantando o turista"

CYBELE MARIA RABELO RAMALHO
ANA FLÁVIA TRINDADE DOS SANTOS

O projeto "Encantando o turista" teve por objetivo profissionalizar jovens considerados excluídos, facilitando a sua inserção no mercado de trabalho por meio da qualificação para atividades de atendimento ao cliente na área de turismo. Foi elaborado pelas psicodramatistas Dulcinea Cassis e Cybele Maria Rabelo Ramalho, membros da Federação Brasileira de Psicodrama (Febrap). Foi desenvolvido pela entidade federada Profissionais Integrados Ltda. (Profint), com o apoio da Febrap e o financiamento da Associação de Apoio aos Programas da Capacitação Solidária (AAPCS).

O projeto se desenvolveu na cidade de Aracaju, SE, no período de março a agosto de 2001. Constou de 500 horas, contemplando 380 horas no desenvolvimento de habilidades básicas e habilidades específicas, incluindo 180 horas de vivência prática, esta última realizada em parceria com hotéis e restaurantes da cidade. A metodologia utilizada foi a socionômica, abrangendo atividades vivenciais baseadas na abordagem de Jacob Levi Moreno, criador da socionomia, tais como: jogos dramáticos, sociodramas, teatro espontâneo, *role-playing* do papel profissional e outras técnicas de grupo, com elaboração da aprendizagem e processamento teórico sobre o assunto. Este projeto se constituiu num exemplo de aplicação da socionomia nas áreas da Educação e Comunitária, demonstrando a ampla penetração e contribuição do referencial socionômico diante das questões de relevância social na atual conjuntura do país, do que é exemplo a inclusão social.

Justificativa

O estado de Sergipe possui grande e inexplorado potencial para o turismo sustentável, o qual se constitui em uma das metas importantes dos governos estadual e municipal, de modo que o projeto "Encantando o turista" foi pensado com o objetivo de qualificar jovens para trabalhar nessa área. No entanto, conforme informações obtidas na Secretaria de Turismo de Aracaju, um dos fatores agravantes do estabelecimento de prestação de serviços turísticos, como hotéis, restaurantes e espaços culturais, é a falta de mão-de-obra qualificada para prestar o devido atendimento ao turista. Deparamo-nos também com a realidade do desemprego de jovens que, por falta de oportunidade, não receberam a devida qualificação. O Ensino Fundamental preocupa-se somente com aspectos cognitivos que são importantes, sem dúvida, para a profissionalização do jovem, mas são insuficientes para formar o perfil profissional do novo milênio, que pressupõe um indivíduo que se relacione adequadamente consigo mesmo, com a equipe de trabalho e com a clientela, que é quem gera recursos financeiros para a sustentabilidade econômica da região.

A exemplo de Jacob Levy Moreno, que se dedicava ao trabalho com meninos de rua e prostitutas da cidade de Viena, na década de 1920, a Profissionais Integrados Ltda. (Profint), atendendo ao ideal socionômico moreniano, preocupa-se em desenvolver um trabalho voltado para o indivíduo inserto em seu contexto social. Atenta à realidade de desemprego e exclusão social em Sergipe, vem somar esforços integrando o desenvolvimento de políticas sociais em todo o território estadual, por intermédio de projetos a ser desenvolvidos por profissionais interessados no crescimento da coletividade. Não basta apenas habilitar jovens, mas é necessário principalmente qualificá-los para atividades que ofereçam oportunidades de trabalho e impulsionem o desenvolvimento sustentável da capital e do estado. Assim, pode-se contribuir para a promoção de um desenvolvimento econômico e social de forma simultânea, interdependente e equilibrada.

Objetivos

O objetivo geral deste projeto foi qualificar jovens para prestar serviços de atendimento em estabelecimentos voltados para o turismo de forma eficiente, eficaz e efetiva, de maneira que esse seja um diferencial mercadológico nos estabelecimentos onde estiverem empregados, contribuindo para o fortalecimento do turismo sustentável, com a conseqüente oferta de empregos e o desenvolvimento econômico e social da capital do estado de Sergipe. Teve como objetivos específicos:

- promover a qualificação de jovens visando prepará-los para o atendimento de excelência nos estabelecimentos voltados para o turismo;
- fomentar o desenvolvimento das capacidades básicas de comunicação, organização e sociabilidade;
- promover a auto-estima e a identidade social da clientela;

- incentivar a clientela a investir em sua formação, visando aumentar sua empregabilidade;
- desenvolver, na clientela, consciência ética e responsabilidade como cidadãos;
- diminuir o nível de desemprego no município de Aracaju;
- promover o desenvolvimento social e econômico por meio da excelência de atendimento ao turista.

Desenvolvimento

O projeto foi desenvolvido por uma equipe coordenada pela psicodramatista didata supervisora Cybele M. R. Ramalho, composta por cinco alunos do Curso de Formação em Psicodrama, todos psicólogos, que desempenharam os papéis de monitores. Outros profissionais foram convidados para ministrar os módulos específicos do curso. Esses estudantes do Curso de Formação desenvolveram este projeto como parte integrante do Curso de Formação em Psicodrama com foco socioeducacional, obtendo simultaneamente supervisão e orientação teórica. Participaram de todo o processo, desde a seleção dos jovens até a avaliação, coordenando todas as aulas em duplas, mesmo aquelas ministradas por professores convidados.

O público-alvo do projeto foram trinta jovens que viviam em situação de pobreza, na faixa etária entre 16 e 21 anos, de ambos os sexos, com Ensino Fundamental concluído, residentes em Aracaju. No processo seletivo, a prioridade foi para aqueles que não estavam freqüentando o 2º grau, ou seja, que se encontravam, de certa forma, excluídos da rede de ensino.

A divulgação do processo seletivo para a participação no projeto foi feita em escolas da rede pública localizadas no bairro Coroa do Meio, em Aracaju/SE, onde ocorreu a sua execução. O bairro caracteriza-se pelo contraste na convivência de grandes casas de classe média alta (protegidas por cercas elétricas) e casebres de invasões à beira do mangue, ruas sem pavimentação e carência no saneamento básico. Por outro lado, é o bairro mais próximo da orla marítima, onde se concentram restaurantes e hotéis, área de maior circulação turística da cidade.

Como critérios para a seleção dos jovens que participaram do programa, além de terem de 16 a 21 anos, exigiu-se que residissem na cidade de Aracaju, vivessem em estado de pobreza (renda familiar entre um e dois salários mínimos), tivessem concluído o Ensino Fundamental, estivessem desempregados ou no mercado informal de trabalho e, preferencialmente, não tivessem continuado os estudos ou tivessem reprovações recorrentes. Do total de inscritos, trinta foram selecionados – dezesseis meninos e catorze meninas. Destes, apenas oito cursavam a primeira série do Ensino Médio, os demais cursavam da quinta à oitava série do Ensino Fundamental.

O processo seletivo envolveu uma "Redação do eu" (na qual o candidato deveria escrever livremente sobre si mesmo) e sessões de dinâmica de grupo (de orientação psicodramática), que visavam avaliar a capacidade de integração, espontaneidade e criatividade dos candidatos.

No decorrer do curso, os adolescentes foram submetidos a uma série de vivências e jogos psicodramáticos, que antecediam as aulas expositivas, assim como a outros métodos didáticos que auxiliaram no processo ensino-aprendizagem. Para o estabelecimento dos vínculos entre os jovens, foram realizadas dinâmicas grupais que respeitavam as fases pelas quais passavam os grupos em desenvolvimento. Para a abordagem de conteúdos mais específicos, contamos com a participação de profissionais que, voluntariamente, fizeram explanações – e, em alguns casos, aplicações práticas – nas áreas de segurança no trabalho, meio ambiente, higiene, saúde, apresentação pessoal, *marketing* e mercado de trabalho. Outros temas abordados nas aulas tratavam de raciocínio lógico-matemático, língua inglesa, comunicação, ética, cidadania, cultura, lazer, atendimento ao turista e turismo local. Os alunos recebiam do projeto uma bolsa (pequena remuneração de incentivo), o vale-transporte, o almoço e o lanche, além do uniforme.

As aulas se desenvolviam segundo a metodologia socionômica aplicada à educação. Durante o aquecimento, eram utilizados os mais diversos instrumentos: exposições teóricas, jogos, vivências, leituras, colagens, desenhos, músicas, vídeos etc. Nem sempre ocorriam as dramatizações, pois algumas atividades já traziam as finalidades em si mesmas. Porém, o compartilhar, como etapa fundamental a cada final de aula, trazia à tona questões a respeito do funcionamento do próprio grupo e do comportamento dos participantes, além da síntese dos conteúdos trabalhados naquele dia.

Além das atividades programadas para cada dia, trabalhava-se o desenvolvimento de lideranças, que consistia em cada aluno assumir determinado papel na sala de aula, com o objetivo de treiná-los no aperfeiçoamento da espontaneidade-criatividade em vários papéis e de despertar neles um senso de responsabilidade e liderança em relação ao grupo. Os papéis que compunham essa técnica eram nove:

1. o cronometrista: responsável pela marcação do tempo transcorrido durante uma atividade, acusando o término do período solicitado;

2. o recepcionista: responsável pelo bem-estar do grupo, suprindo suas necessidades;

3. o secretário: responsável pelo registro das atividades e de outras ocorrências durante a manhã;

4. o avaliador: encarregado de comentar o que ocorreu durante o dia e todas as lideranças;

5. o recreador: encarregado de propor ao grupo atividades de descontração e lazer, solicitadas, em geral, em momentos em que o grupo apresentava-se apático;

6. o sensibilizador: encarregado de propor atividades que levassem o grupo à reflexão ou ao relaxamento, solicitadas, em geral, quando verificávamos que o grupo apresentava um "superaquecimento";

7. o esteta: responsável por observações sobre a apresentação estética do grupo (uniforme, postura, vocabulário, comportamento etc.);

8. o animador/coordenador: responsável pela coordenação geral das atividades daquele dia;

9. o explicitador: encarregado de apresentar as técnicas, as informações teóricas e o conteúdo reservado para aquele dia.

Estes últimos papéis eram desempenhados na maioria das vezes pelos monitores.

Durante o último mês de desenvolvimento do projeto "Encantando o turista", desenvolveram-se 180 horas de vivência prática, realizada em hotéis localizados nas proximidades da locação do curso. Os jovens passavam 4 horas nos hotéis e retornavam ao projeto para o almoço, ou almoçavam antes de ir ao estágio prático. As segundas-feiras eram reservadas para a supervisão, cada grupo com um monitor psicodramatista, responsável também pelo acompanhamento no local em que se realizava a prática, mantendo, inclusive, contato pessoal com os responsáveis pelos jovens nos hotéis.

Resultados alcançados

O desenvolvimento do projeto não aconteceu sem dificuldades, sejam elas de cunho estrutural, interpessoal, ou mesmo administrativas. No que se refere às dificuldades interpessoais, a ocorrência de comportamentos que ameaçavam o bom funcionamento do grupo, como agressões físicas e verbais, foi levada à discussão coletiva, pois os capacitandos tinham a responsabilidade pelo bem-estar grupal. Depois de discutidas no grupo, novas regras disciplinares foram criadas coletivamente e novas atividades foram adotadas, sob a vigilância de todos os membros.

Nas reuniões realizadas com os pais ou responsáveis pelos jovens, pudemos avaliar a repercussão de nossas atividades no ambiente externo (em casa, na escola e na comunidade). Nessas reuniões, eram relatadas as mudanças ocorridas após o ingresso no projeto; alguns pais mencionavam que seus filhos passaram a ser mais responsáveis com o dinheiro (pois administravam a remuneração que recebiam) e com as tarefas da casa e da escola, que os relacionamentos interpessoais tinham melhorado, que os jovens passaram inclusive a conversar mais com seus familiares, o que não ocorria antes; pareciam mais alegres e preocupados em não faltar ao curso.

Os jovens também mencionavam suas mudanças:

> [...] Eu mudei muito, ia muito pelos outros, mas depois eu comecei a mudar, aprendi no curso a ter minha própria opinião, a saber ouvir os outros também. Porque antes eu não era assim, mudei em casa, mudei com os colegas, mudei com todo

mundo. Aprendi a fazer novas amizades ou melhores, e aprendi também a falar em público, porque antes eu era muito tímida, mas agora não. E também, assim: a ver que a gente tem que se dar valor, a gente tem que ter valor, porque às vezes a gente quer ser igual aos outros, né? Não pode ser, tem que ser nós mesmos. E o curso me ensinou muito, inclusive me ensinou, no estágio, quando eu fiz, porque eu antes já tinha trabalhado mas ficava muito parada, só fazia o meu trabalho, não tinha muito diálogo. E lá no estágio eu fui aprendendo a como me defender, a como tratar os outros, tudinho, graças ao curso. (Pt., 18 anos)

Os monitores também notaram essas mudanças:

O projeto contribuiu muito para o desenvolvimento psicossocial dos participantes, obtendo também alguns reflexos multiplicadores no seio da comunidade; os meninos trouxeram a informação de que eles mudaram em relação à família deles, em casa, ao comportamento deles com o grupo de amigos etc.; coisas que eles aprenderam no Projeto, eles começaram a enxergar eles mesmos, e mudaram; então, essa mudança proporciona outras mudanças com as pessoas de casa, nas suas relações e em outros ambientes também, na escola, por exemplo. Eles trouxeram muito a informação de que mudaram o comportamento lá, que melhoraram bastante suas atitudes. (André Nunes, psicólogo, monitor)

Eu acho assim: o grande sucesso do projeto como um todo está justamente no fato de que a gente conseguiu inserir essas pessoas, que eram tidas como excluídas, num contexto grupal e social. As mais tímidas, ou as que mais relutavam em participar de alguma atividade, começaram a se mostrar, a se jogar, a

> se deixar ver pelos outros participantes do grupo. Tinham meninos ali dentro que mal davam um "bom-dia". Chegaram no final do projeto com um nível de interação tão alto, que eu olhava pra trás e dizia: "Meu Deus do céu, se alguém me dissesse que fulano de tal iria estar assim hoje, eu não acreditaria". Só pra citar, mesmo: R., ele teve, assim, um quadro de evolução fantástico. Ele tremia cada vez que tinha que dar um depoimento, ele tremia dos pés à cabeça, gaguejava e tudo. Teve algumas dinâmicas em que ele surgiu como um protagonista maravilhoso. [...] Não se pode alcançar todo mundo 100%, mas o sucesso, eu acho que está justamente em que o grupo desenvolveu sua autonomia e conseguiu fazer com que grande parte participasse efetivamente de tudo que foi proposto. (Silvana Santana, psicóloga, monitora, 2001)

Além dos passeios pelas áreas turísticas da cidade de Aracaju, uma das atividades extras ao programa foi a organização de uma quadrilha junina. Em nosso estado, os festejos juninos são um dos mais tradicionais ao longo do ano, chegando a mobilizar comunidades inteiras na realização de eventos. A quadrilha junina denominada "Sê espontâneo" contou com a participação dos monitores e da coordenadora, houve "casamento caipira" e comidas típicas, mas o figurino e os passos da apresentação ficaram a cargo dos jovens.

No encerramento do projeto, todos os cursos financiados pela AAPCS se apresentaram em uma oficina global, na qual os alunos expuseram o resultado do seu aprendizado. Os nossos alunos apresentaram, a um grande público, um coral (cantado e dramatizado) com cinco músicas populares típicas, que exaltam as belezas da cidade de Aracaju e do folclore sergipano. Demonstraram, ao longo dos ensaios dessa atividade culminante, um nível de disciplina e ordenação surpreendente, se comparado ao estágio caótico e indiferenciado em que o grupo se encontrava no início do projeto.

Análise e discussão dos resultados: uma leitura socionômica

O projeto desenvolveu-se, basicamente, em três fases com características próprias que dizem respeito aos vínculos estabelecidos, aos sentimentos e comportamentos dos jovens, ao nível de profundidade das dinâmicas e ao processo ensino-aprendizagem:

Fase I — O grupo caotizado: aquecendo

As primeiras semanas foram marcadas pela caotização do grupo. Era possível observar que os subgrupos – as "panelinhas" – formavam-se pela aproximação de indivíduos que já tinham algum vínculo estabelecido em ocasiões anteriores à formação do grupo: estudavam na mesma classe ou na mesma escola, moravam na mesma rua ou em ruas próximas, eram amigos, esperavam ônibus no mesmo ponto etc.

Nessa fase inicial, o desenvolvimento das atividades visava à integração, ao relaxamento e ao reconhecimento do ambiente. As dinâmicas utilizadas eram caracterizadas como de primeira fase no desenvolvimento grupal, de acordo com a classificação de Ronaldo Yozo (1996), quando se busca promover um início de percepção e integração entre os participantes, além da percepção de si; em geral, são jogos de apresentação, sensibilização, interiorização e relaxamento. Desse modo, eram utilizados jogos de apresentação, jogos de relaxamento e sensibilização corporal antes do início das aulas teóricas. Um exemplo de tais atividades é o "jogo do novelo", a primeira dinâmica aplicada ao grupo, que consiste num jogo em que os participantes, dispostos em círculo, jogam um novelo de linha de um para o outro, apresentando-se aquele que recebe o novelo. O trecho do relato a seguir ilustra bem as características do grupo nessa fase, bem como o tipo de jogo que aplicávamos:

> Observamos que alguns já se conheciam, e no círculo procuraram ficar juntos [...]. Por conta disso, o novelo começou a passar de forma circular da esquerda para a direita. Então falei que se jogassem o novelo poderiam [...], conhecer pessoas novas e ficaria mais divertido. Como nem todos se conheciam, chegou o momento que se teve de jogar o novelo a um desconhecido. (Glauciene Andrade, psicóloga, monitora, 2001)

Também observávamos comportamentos que denunciavam dispersão, baixo nível de atenção e raciocínio, agressividade, desrespeito com os colegas e monitores, pouca imaginação, baixo nível de criatividade e espontaneidade, desonestidade, desobediência, baixo nível de compreensão e abstração, irritabilidade e resistência ao contato físico ou ao olhar. As dinâmicas de introspecção, nessa fase, foram evitadas por conta da dispersão apresentada pelo grupo. Respeitadas as fases de evolução do grupo, era possível observar como e quando surgiam as dificuldades na busca pela participação, cooperação e solidariedade. Nas primeiras atividades grupais, a tendência era reproduzir a apatia e a competição, algumas formas de lideranças autoritárias e centralizadoras, como as que se apresentam no cotidiano da família, da escola, do trabalho ou de outros ambientes. Outro trecho do relato de atividades explicita comportamentos de exclusão e isolamento entre os jovens:

> Após o intervalo, solicitei a sensibilização para acalmar a euforia (para não superaquecer o grupo). Em seguida veio a recreação, que foi um jogo de futebol, logo interrompido por mim porque, além de não haver a participação da maioria, surgiu uma confusão porque alguns meninos foram proibidos por outros colegas de participar, inclusive o próprio aluno que estava no papel de recreador. Então, se formaram vários subgrupos. Enquanto um grupo brincava de 'Escravos de Jó', outro brincava de jogo da verdade, outro apenas conversava animadamente e um outro apenas trocava afagos. Duas pessoas, um menino e uma menina, em cantos opostos da sala, observavam tudo sem querer participar, mesmo quando convidados. (Ibidem)

Nesse contexto, o processo ensino-aprendizagem envolvia o estabelecimento de vínculos télicos entre os monitores e os jovens, a fim de criar-se um ambiente de confiança e respeito. Objetivava-se um aprendizado fundamentado na incorporação dos novos conteúdos transmitidos, que deveriam ser humano-significativos, ou seja, relacionados com os conhecimentos previamente adquiridos, associados aos elementos advindos de experiências do dia-a-dia, da realidade existencial. A função dos monitores, nesse momento, não se limitava apenas à transmissão dos conteúdos ou à coordenação das dinâmicas; eles também eram responsáveis pelo acompanhamento psicológico individual de alguns dos capacitandos que apresentavam comportamentos preocupantes, como os que denunciavam agressividade, isolamento, uso de drogas, arrogância e introspecção, associados às suas histórias de vida. Nessa fase, foi realizada a primeira reunião de pais e, assim, a equipe de monitores pôde entrar em contato com a realidade familiar mais íntima de cada aluno por meio dos depoimentos dos pais a respeito do comportamento de seu filho fora do projeto.

Fase II — O reconhecimento do eu no grupo: dramatizando

Nessa fase do desenvolvimento grupal, em geral, busca-se um contato superficial – a partir do olhar ou da voz –, estabelecendo, assim, um início de comunicação. Para essa fase, são indicados os jogos de percepção de si e do outro – com pouco ou nenhum contato físico entre os participantes –, além de jogos de pré-inversão, que foram associados à introdução dos conteúdos constituintes do programa do curso.

Começamos a observar maior grau de entrosamento entre os jovens, ao mesmo tempo que começavam a revelar seus interesses e suas características pessoais mais acentuadas – como liderança, timidez, arrogância e prepotência – e demonstravam seu potencial espontâneo-criativo e de percepção do outro em desenvolvimento. Isso era observado nas dramatizações e nos jogos de tomada de papéis (*role-taking*). Entretanto, ainda podíamos verificar a falta de concentração no desenvolvimento das atividades e de respeito com os colegas e monitores. Ao mesmo tempo, revelavam-se a falta de iniciativa, a baixa auto-estima e a insegurança quanto à atuação no momento da vivência prática e à aceitação no mercado de trabalho.

Os monitores, sempre que era oportuno, faziam comentários acerca de situações ocorridas no decorrer da aula, apontando aspectos positivos e negativos de determinados comportamentos e atitudes, dispensando elogios em público sempre que possível, para manter o clima de confiança e reforçar a importância da presença às aulas. O objetivo principal da supervisão da vivência prática (estágio nos hotéis) era prepará-los para enfrentar as situações temidas no enfrentamento com o mercado de trabalho, tais como dificuldades de comunicação, preconceitos etc. Também eram aplicados jogos que estimulavam o senso de competitividade e o raciocínio lógico. Um exemplo das atividades que ocorriam nessa fase foi o jogo "automecânica", no qual o diretor relata um passeio de carro e, à medida que cita o nome de peças que compõem o automóvel, os participantes devem, um a um, dirigir-se ao palco, assumindo o papel de uma das peças do carro, unindo-se na constituição do veículo.

> No início coordenamos a brincadeira, mas depois um dos monitores teve a brilhante idéia de sairmos, deixando-os sozinhos, tentando eles mesmos coordenar o caos que criaram. Por um momento, um dos membros se revelou um bom líder, nos impressionando. Antes de continuar a estória, pediu para que todos se aproximassem dele o máximo que pudessem, começou a falar devagar e, cada vez que alguém dava a impressão que iria sentar-se, ele continuava a estória, pegando todos de surpresa. Sua expressão era de extrema alegria. Fizemos um breve compartilhar, e aqueles que passaram pelo papel de diretor relataram não ter gostado de falar e não ser ouvido, dizendo: "Agora sei o que vocês passam". Ou seja, eles estavam conseguindo iniciar a inversão de papéis com os monitores (*sic*). (Glauciene Andrade, psicóloga, monitora, 2001)

Outro trecho do relato explicita o grau de envolvimento e concentração do grupo:

> As dinâmicas que envolvem maior aproximação são difíceis de se realizar, porque muitos meninos ainda fazem questão de tirar a concentração dos demais. É preciso ter muita paciência [...]. Muitos ainda sentem muita vergonha em olhar nos olhos do outro, ainda que seja menina com menina. (Ibidem)

Nessa fase, fizemos a segunda reunião familiar, e mais uma vez houve troca de informações entre monitores e pais a respeito dos alunos, sendo destacada a surpresa dos familiares ao perceber mudanças de comportamento efetivas e positivas, tais como maior desenvolvimento da socialização, maior amabilidade no trato social, reações de maior dedicação aos estudos e às tarefas domésticas, maior preocupação com o futuro, aumento da auto-estima etc.

FASE III — O RECONHECIMENTO DO OUTRO: COMPARTILHANDO

Esta fase caracterizou-se pelo fato de os jovens se mostrarem mais extrovertidos e à vontade com o grupo, com os monitores e com o método sociopsicodramático. O grau de abstração entre eles, de maneira geral, continuava baixo, denunciado na execução de tarefas que exigiam interpretação de textos e de imagens. Também continuavam demonstrando dificuldades para tomar iniciativas e permaneciam reservados ao falar de si mesmos. Porém, nas demais atividades, notava-se que já haviam desenvolvido o senso de solidariedade e de responsabilidade para com o grupo e maior coesão grupal. Do mesmo modo, o potencial espontâneo-criativo continuava a ser estimulado e testes de espontaneidade continuavam sendo desenvolvidos, juntamente com o treino de papéis nas dramatizações em teatro espontâneo e teatro de reprise.

Em geral, eram utilizados jogos de terceira fase (Yozo, 1996), nos quais foram estimuladas a comunicação e a identidade grupal, permitindo contato físico, além de atividades em subgrupos ou até com o grupo todo, e jogos de personagens. Nessa fase, eram feitas inversões de papéis (*role-playing*), o que possibilitava a exploração de mais de um ponto de vista e a experimentação das percepções e sensações do outro.

Compartilharam muitas vezes a insegurança e os medos que ainda permeavam as suas relações com o mercado de trabalho. É interessante notar que houve uma inversão no que diz respeito à aplicação das dinâmicas relativas ao reconhecimento do "eu" – em geral, dinâmicas de primeira fase e introspectivas. Os jovens apresentaram, primeiro, a necessidade de se reconhecerem como grupo, sentindo-se seguros quanto às relações estabelecidas para, só então, entrar em contato com uma interioridade maior. Nesse momento, o grupo já havia estabelecido um nível de maturidade que possibilitaria o desenvolvimento de atividades que exigissem maior concentração e percepção do outro, ou seja, maior escuta e respeito pela dor e realidade do outro.

O trabalho sociopsicodramático deve ser graduado de acordo com o nível de maturidade dos participantes e, considerando-se a teoria da Matriz de Identidade (Fonseca, 1980), compete ao diretor observar em que fase o indivíduo e o grupo se encontram, pois "a aplicação de um jogo incompatível com a sua Matriz pode promover resultados desastrosos" (Yozo, 1996, p. 27). Assim, as últimas aulas foram dedicadas ao reconhecimento do eu e ao fortalecimento da auto-estima; foi solicitada a construção do átomo social de cada um, em relação aos membros do grupo, e também aplicadas dinâmicas como a Condução de um cego, Se não fosse quem sou, quem eu gostaria de ser?, A cadeira vazia, Projeção do passado, Projeção do futuro. Nos momentos de compartilhar os sentimentos, também se faziam os comentários necessários para alcançarmos o objetivo das atividades.

Ainda sobre a sensação de segurança dos capacitandos e quanto à sua posição na matriz grupal, Kaufman (1992, p. 49) afirma que o estabelecimento de um grupo solidário talvez seja a primeira tarefa a ser realizada com um grupo. O grupo solidário, assim denominado por Lewin, é aquele no qual os membros tenham consciência de a ele pertencer, "pois o indivíduo aceita o novo sistema de valores e crenças quando aceita pertencer a um grupo. Assim, cria-se o 'sentimento grupal', importante sobretudo quando se deve lidar com tensões e conflitos".

Apesar de o objetivo do grupo não ser o foco psicoterápico, algumas sessões acabavam exercendo certo efeito terapêutico. Eles também falam de confiança, quando questionados sobre a aplicação de dinâmicas que abordavam conteúdos inerentes à vida pessoal de cada um, ao passado e às dificuldades enfrentadas por eles em seu dia-a-dia:

> [...] eu via as meninas chorando aí... ficava emocionado e começava a chorar também. Rs., mesmo, era um caso: quando começava a abrir a boca, oh, meu Deus... aí todo mundo chorava lá no projeto. (Lz., 17 anos)

> Essa confiança dela, de conseguir abrir o jogo, contar tudinho pra gente ali no grupo, tanto pra gente como pra os monitores, eu achei muito legal. (Ad., 16 anos)

Os monitores concordam que a confiança sentida pelos jovens em relação ao grupo contribuiu para a composição do clima dialógico, propício ao aprendizado:

> Com certeza o clima de confiança contribuiu para que esse tipo de coisa acontecesse e, quando a gente trabalhava algumas dinâmicas de internalização, era com o objetivo de mostrar pra eles que eles podiam ter confiança neles mesmos e trabalhar isso, enfrentar a realidade que os assustava. Porque a gente sentiu a necessidade de, em um determinado momento, trabalhar a

> autoconfiança deles – sem ela, não haveria aprendizagem significativa. Então, eles estavam se confiando, confiando no grupo e alguns conteúdos pessoais eles traziam, mas a gente sempre trabalhava isso sem uma finalidade psicoterapêutica, mais visando diluir os entraves para o desenvolvimento de uma aprendizagem global. (André Nunes, psicólogo, monitor, 2001)

> Eu acho que eles aprenderam a ter confiança até pra apontar o outro, os erros dos outros, e pra reconhecer os próprios erros, assim como pra estimular o que de bom cada um tinha. Acho que aprenderam a dar e receber o *feedback* positivo e o negativo, desenvolveram a competência interpessoal – isso foi o mais importante. (Silvana Santana, psicóloga, monitora, 2001)

Se um dos jovens demonstrava uma necessidade de acompanhamento individualizado – mesmo não sendo este o objetivo do nosso trabalho –, ele era retirado temporariamente do grupo e acompanhado por um dos monitores, até que estivesse recuperado a ponto de retornar ao grupo para expor ou não, de acordo com sua escolha, o que havia vivenciado naquele momento.

O estabelecimento de um clima propício ao desenvolvimento das atividades também se deveu à atuação dos monitores. Sabemos que "o sucesso de um professor depende não apenas de sua aptidão e conhecimentos, mas também da atmosfera que ele cria" (Kaufman, 1992, p. 49). Os monitores encarregavam-se de estabelecer tal clima, incentivando o sentimento de pertinência grupal.

> Sobre os monitores, não tenho nada pra falar, não. Foram todos legais, ensinaram bem, foram aulas diferentes do que a gente tem na escola diariamente. Foram aulas em que a gente

> aprendeu e eles aprenderam também com a gente, muitas coisas [...]. Então, foi um aprendendo com o outro, e isso foi legal, porque a gente soube se tratar como amigos, e não como professores e alunos. Claro que tinha horas que era alunos e professores, mas nem sempre. O bom foi isso, mudou muito, eu nunca tinha feito um curso assim. Eu gostei. (Rs., 18 anos)

> É bem melhor trabalhar em grupo do que trabalhar sozinho, porque com o grupo cada um dá uma opinião e ajuda. A gente, fazendo um negócio sozinho, tem menos visão. A cabeça pensa mais com o grupo. (Ad., 16 anos)

Também ao final desta terceira etapa foi realizada a terceira reunião de pais, cujos depoimentos em muito contribuíram para a equipe de monitores avaliar a sua atuação e as mudanças de comportamento efetivas em cada aluno. Com o *feedback* familiar, fazia-se uma avaliação dos benefícios do projeto como agente de transformação no cotidiano das relações interpessoais, para além do contexto grupal pedagógico. Nesse sentido, confirmava-se a emergência do aumento da autoestima, da solidariedade, da espontaneidade-criatividade, da socialização e do amadurecimento do jovem em geral.

Conclusão e abrangência

Mais que um aprendizado, o projeto "Encantando o turista" ofereceu aos jovens a oportunidade de refletir sobre sua situação no contexto atual de nossa sociedade, além de mostrar-lhes que é possível a busca de alternativas e oportunidades, bastando para tal o esclarecimento, a consciência da sua capacidade, a força de vontade e o aprimoramento, em qualquer área por que optarem, ou mesmo no mercado informal de trabalho. É esse contato com os aspectos da realidade que deve ser visado em trabalhos dessa natureza, junto das diversas comunidades, geográficas ou psicossociais. Consideramos que a metodologia socionômica, assim como a formação acadêmica dos monitores, facilitou o processo ensino-aprendizagem. O estabelecimento dos vínculos mais télicos do que transferenciais no grupo como um todo, assim como na relação professor-aluno, contribuiu para um clima propício ao aprendizado. No depoimento de alguns dos jovens, houve declarações como:

> Ah, o trabalho em grupo ajudava bastante porque eu tenho certeza de que alguns problemas que surgiram no estágio, se não fosse o curso, eu não saberia resolver. O curso ajudou muito, os monitores, eu gostei muito dos monitores porque eles tratavam a gente como filhos, eles nos ouvem, eles tratam com amor, com carinho. A gente se sente à vontade pra falar até de nossos sentimentos que às vezes a gente só fala pra nosso melhor amigo ou melhor amiga, coisas que a gente não falaria nem com nossos próprios pais. (Pt., 18 anos)

A educação, levando em consideração a criatividade e o jogo, busca, além de fornecer conhecimentos, formar uma postura e cuidar da interação aluno-aluno, aluno-professor, aluno-instituição,

> é uma proposta de ensino que valoriza em primeiro plano a pessoa do estudante com sua experiência de vida acumulada. [...] Ao provocar a participação direta do educando no seu processo educativo, a metodologia psicodramática pode colocá-lo em íntima relação com seus colegas (Kaufman, 1992, p. 55).

O desenvolvimento dos trabalhos em campo relaxado, em parceria com outras metodologias de ensino, teve grande aceitação pelos jovens. O treino dos papéis e os testes de espontaneidade – com as dramatizações –, assim como o ambiente lúdico e o contexto grupal, nos quais eram desenvolvidas as atividades, representaram um passo revolucionário para os aprendizes. Levamos em consideração que eles são provenientes da classe menos favorecida e de escolas da rede pública, nas quais, em geral, predomina o ensino tradicionalista, marcado pelo distanciamento entre professor e aluno e pela carência no que se refere ao estímulo do potencial espontâneo-criativo. Para Maria Alicia Romaña (1987, p. 40),

> a dramatização visa "carregar" o campo de conhecimento com a maior quantidade de experiência que o grupo possa fornecer. [...] No nível simbólico, passa-se à abstração, e quando há maior esforço, atinge-se o grau desejado do ponto de vista da aprendizagem, e o aluno não o faz sozinho. [...] No nível da fantasia, busca-se colocar à prova o conhecimento trabalhado.

Os "meninos" também formularam opiniões a esse respeito:

> Das dramatizações eu gostei, porque eu aprendia fazendo. Eu já gosto de fazer e quando era pra ser feita alguma cena em relação a algum tema, que era da aula, ou da nossa fantasia, ou passado com a gente, ficava mais fácil. Pois a gente já sabia, assim, alguma coisa que ia falar. Ficava mais fácil quando ia ser improvisado, não precisando decorar nenhum texto. A gente entendia melhor o assunto da aula. (Vc., 20 anos)

Do mesmo modo, os monitores, observando a evolução do grupo:

> Sem contar que os "meninos", eles demonstraram um potencial muito bom para trabalhar com o psicodrama. Eles entravam na metodologia, eles trabalhavam com cena, traziam no compartilhar as dificuldades e problemas; e ficava muito mais fácil de resolver questões que eram propostas. (André Nunes, psicólogo, monitor, 2001)

Assim, o ensino deu-se de forma natural, a partir daquilo que os jovens trouxeram de seu dia-a-dia associado ao que lhes era transmitido pelos monitores e profissionais convidados, exercitando, provocando e incitando o desenvolvimento dos papéis sociais por ocasião da abordagem de temas referentes à ética e à cidadania. Eles eram conduzidos à reflexão e ao contato com questões e situações que simulavam a realidade, as quais eram elaboradas com elementos trazidos pelos próprios "meninos" do seu dia-a-dia que, não raro, apresentavam histórias de violência, marginalização, rejeição, exploração, drogas, conflitos familiares etc.

Segundo Kaufman (1992, p. 13), a aquisição de conhecimentos (instrução) é apenas um dos aspectos da educação; além deste há, ainda, "a troca de experiência, a interação, a sensação de pertencer a um grupo onde existe cooperação e compreensão para com as características pessoais". O autor considera que alunos e professores devem partilhar a responsabilidade pelo processo de aprendizagem e, para que isso ocorra, os temas tratados devem possuir relevância e significado para os estudantes. Estes precisam perceber que estão envolvidos em situações reais nas quais terão de se colocar. No contexto comunitário, os temas abordados fazem parte da realidade mais imediata dos participantes, o envolvimento com as situações reais já existe, o que torna a participação e a responsabilização processos inevitáveis. Estes, entretanto, necessitam associar-se aos processos de estabelecimento de vínculos e de conscientização das possibilidades e necessidades de mudança.

A socionomia não pretende ser uma metodologia exclusivista. Sua aplicação permite e requer a utilização de técnicas complementares. Geralmente, o que ocorre é a aplicação de técnicas comuns de trabalho na etapa de aquecimento, quando se procura mobilizar o grupo para determinado tema, a fim de prepará-lo para a dramatização. Sendo assim, é bastante comum termos, no decorrer de um processo de aprendizagem, aulas explanatórias, leituras, filmes, músicas, debates, colagens, desenhos etc. Isso se deve ao fato de a metodologia socionômica atuar em apenas um dos sentidos dinâmicos do processo de aprendizagem: de dentro para fora. Associada a outras técnicas que atuem no sentido contrário, pretende tornar mais efetivo o processo educativo.

Deve-se levar em consideração, ainda, a etapa do desenvolvimento grupal e o clima estabelecido no momento de execução de uma atividade. O profissional necessita mostrar-se suficientemente preparado diante de imprevistos, tais como a resistência ao que propõe, a disposição física e/ou intelectual dos participantes, o espaço disponível para o desenvolvimento das tarefas e os recursos oferecidos, entre outros que possam surgir.

> No decorrer do dia-a-dia na sala de aula, a situação, a contextualização, pede outra coisa. Não dá pra ser estático, então há uma flexibilidade muito grande no nosso papel, depende do que surge, trabalhamos com riscos e surpresas. A gente aplica

> a socionomia, mas de acordo com o retorno que a gente tem a gente complementa com outra coisa, ou não. (Glauciene Andrade, psicóloga, monitora, 2001)
>
> Eu acho que mesmo que a gente tenha intenção de usar só o psicodrama pedagógico outra metodologia sempre vai entrar. É inevitável, porque a gente também trabalha com o reforço, há algumas questões burocráticas que envolvem isto. E até a própria aula expositiva, que sempre acontece também, mas inserida de um modo dialógico. (André Nunes, psicólogo, monitor, 2001)

As atividades aqui descritas não devem ser tidas apenas como uma experiência didática, pois o projeto "Encantando o turista" reflete uma possibilidade de ação diante da realidade sociocultural. A nossa experiência, assim como a de outros autores, vai além do campo pedagógico. Citamos o exemplo de Maria Alice Vassimon (*apud* Campos, 1996, p. 22), que aponta o psicodrama como sendo "uma forma de aproximação extremamente saudável, porque não se fica falando, e, para o povo, falar nem sempre é fácil". Em sua experiência, cujo objetivo era a educação popular, Vassimon utilizou o psicodrama pedagógico com um grupo de mulheres de periferia e a metodologia auxiliou o grupo a perceber sua própria realidade e sua própria cultura.

Além de ser uma tentativa de colocar a saúde mental em uma perspectiva preventiva e inerente à vida social, a metodologia socionômica também visa atuar sobre as contradições internalizadas nas pessoas, existenciais e socioculturais. Ela apresenta a flexibilidade e a ênfase na ação, exigidas pelo contexto popular, no qual se deve evitar a aplicação de técnicas exclusivamente intelectualizadas (nas quais se fica só *falando*) já que, muitas vezes, para a classe social à qual nos referimos, torna-se difícil esse tipo de expressão verbal (ou elaborada) de seus sentimentos e de suas idéias – por causa da vergonha, do constrangimento, ou mesmo da falta de habilidade para tal.

Nossa expectativa refere-se à aplicação do referencial socionômico de Jacob Levy Moreno, não só no contexto educacional, mas também no comunitário, no organizacional e em outros que nos remetam ao trabalho com grupos, em uma perspectiva transformadora, visando à melhoria das condições de vida em nossa sociedade, resgatando a utopia moreniana de transformar os pequenos grupos para transformar a sociedade. Além disso, o contexto comunitário apresenta-se como um amplo campo para a atuação dos profissionais do ramo Psi que, até meados da década de 1980, tinham como modelo de atuação o profissional liberal clássico, cuja demanda advinha da parcela populacional econômica e culturalmente mais privilegiada, na perspectiva individual e curativa.

É importante ressaltar que ações dessa natureza, promovidas pelas entidades de ensino e especialização, como é o caso da Profint (entidade filiada à Febrap), além de proporcionarem reconhecimento e aceitação dessas entidades perante a população, beneficiam duplamente a sociedade: por um lado, oferecem aos profissionais experiências em áreas com demanda cada vez mais crescente em nosso país; e, por outro, oferecem à comunidade a oportunidade de transformação por meio do exercício espontâneo e criativo do papel de sujeito em sua própria realidade. Enfim, a visão socionômica de Moreno privilegia as ações voltadas para a comunidade, cuja inserção em tal contexto faz-se essencial no atual momento, tanto para profissionais – abrindo-lhes um campo de atuação – como para a própria sociedade.

Referências bibliográficas

CAMPOS, R. H. F. (org.). *Psicologia social comunitária*: da solidariedade à autonomia. Petrópolis: Vozes, 1996.

FONSECA FILHO, J. S. *Psicodrama da loucura*: correlações entre Buber e Moreno. São Paulo: Ágora, 1980.

KAUFMAN, A. *Teatro pedagógico, bastidores da iniciação médica*. São Paulo: Ágora, 1992.

MORENO, J. L. *Psicodrama*. São Paulo: Cultrix, 1997.

PUTTINI, E. F.; LIMA, L. M. S. (orgs.). *Ações educativas* – vivências com psicodrama na prática pedagógica. São Paulo: Ágora, 1997.

RAMALHO, C. M. R. *Psicodrama e aprendizagem* – considerações e experiências. 1997. 120 f. Monografia da Sociedade de Psicodrama da Bahia, Salvador.

ROMAÑA, M. A. *Psicodrama pedagógico*. 2. ed. Campinas: Papirus, 1987.

STREY, M. N. *et al*. *Psicologia social contemporânea*. 4. ed. Petrópolis: Vozes, 1998.

YOZO, R. Y. K. *100 jogos para grupos* – uma abordagem para empresas, escolas e clínicas. 3. ed. São Paulo: Ágora, 1996.

5

CAPACITAÇÃO EM SAÚDE MENTAL NO PROGRAMA DE SAÚDE DA FAMÍLIA

PATRÍCIA FREIRE CAMPOS
CRISTIENE GAMA TENÓRIO

RELATO DE UMA EXPERIÊNCIA

Apresentamos, neste relato, uma possibilidade de realizar o treinamento de equipes da rede de atenção básica à saúde sob o enfoque da socionomia, utilizando o psicodrama pedagógico numa inter-relação com equipes de psiquiatras que ministram aulas expositivas, tendo como objetivos fazer uma conexão dos aspectos cognitivos e afetivos da aprendizagem, e, ao mesmo tempo, realizar uma pesquisa-ação para descobrir se naquele grupo há espaço para acolher a proposta de reforma psiquiátrica.

O DESAFIO

Convidado pela Coordenação de Saúde Mental da Prefeitura da Cidade do Recife para realizar e coordenar o II módulo de treinamento de 320 profissionais que integram a rede de atenção básica da cidade do Recife (entre médicos, farmacêuticos e enfermeiros), o Instituto Cosmos de Psicodrama-Recife estava diante do desafio de facilitar o processo de ultrapassagem paradigmática necessária para que um especialista formado tivesse uma visão focal sobre um tema e viesse a ampliar sua percepção de mundo, a fim de incluir a diversidade de partes que compõem o todo, tornando-se um generalista. A necessidade dos gestores era a de adequar as propostas previstas no Programa de Saúde da Família às práticas desenvolvidas nas comunidades. Dentre os princípios desse programa ministerial em expansão no Brasil (e especialmente em Recife, com cifras de 23 equipes em 2000 para 190 equipes em meados de 2003, período no qual foi realizado o treinamento), está presente o cuidado com as famílias em situação de risco, com as que contêm membros com problemas relacionados com transtornos mentais, abuso de álcool e outras drogas, violência doméstica e abuso sexual.

Essa proposta de mudança inclui um duplo desafio: o da inclusão da saúde mental no campo da saúde comunitária e a inclusão dos portadores de sofrimento psíquico em sua rede vincular, família e comunidade. Os objetivos específicos do treinamento foram acordados como sendo: a) motivar os profissionais para atuar na área, mudando o paradigma vigente de exclusão do portador de transtorno mental; e b) relaxar o campo, contextualizar e motivar os alunos para a captação do conteúdo teórico.

> Sabemos que o emprego da Metodologia Psicodramática pode ser feito nas mais diversas esferas, tais como pedagógicas, institucionais, organizacionais e, embora não trabalhe com o indivíduo terapeuticamente, é capaz de produzir *insights* terapêuticos, portanto, enquanto método, o psicodrama é capaz de envolver o indivíduo e/ou grupo em um "processo de diagnose própria" acerca de sua realidade, por envolver aspectos técnico, cognitivo e afetivo. Seu referencial teórico, seu método e suas técnicas per-

> mitem a construção de um processo participativo e de envolvimento onde quer que ele seja submetido. (Padovan, 2003)

Então, montamos o treinamento de forma que pudesse auxiliar os grupos a se enxergar cada vez mais, com relação aos assuntos abordados e ao (pré)conceito que já tinham sobre a nova proposta de trabalho.

A cada encontro, de acordo com a resposta do grupo, revíamos o planejamento para adequá-lo às necessidades do grupo. Só podemos mudar aquilo que enxergamos. Assim, trabalhamos todo o tempo numa co-construção com os grupos, tendo como fundamento que a primeira etapa para a mudança é a conscientização daquilo que já temos sedimentado dentro de nós. Quando nos apoderamos de nossos modelos mentais, podemos assumir a responsabilidade da mudança ou da permanência.

Buscando raízes

O ensino psicodramático procura incrementar o desenvolvimento do comportamento social, do juízo crítico e da criatividade por parte do estudante. Um ensino bem executado enseja um bom clima emocional, a integração e a aprendizagem grupal, na medida em que concilia o conhecimento com a experiência vivida (Monteiro, 1993).

O método sociátrico utilizado na intervenção educacional é denominado por Jacob L. Moreno "psicodrama pedagógico". Zerka Moreno utiliza a denominação "psicodrama didático" e Maria Alicia Romaña o chama simplesmente de "psicodrama aplicado à educação".

Para alcançar a ultrapassagem paradigmática proposta e para que pudessem dar conta das demandas de saúde mental das comunidades, esses profissionais precisavam de algo mais do que um saber teórico cognitivo, mais do que conhecer as síndromes psiquiátricas e seus tratamentos. Era necessário que se tornassem agentes de uma transformação social, que se envolvessem com seus afetos e suas relações com esse processo de mudança de atitude e visão de mundo.

O profissional precisa reconhecer-se como parte integrante do sistema que se enseja tratar sem perder sua objetividade, o que faz que sua ação inclua uma função terapêutica. Diante do reconhecimento da necessidade, a pergunta então foi: que referencial teórico e metodológico concebe o homem como parte integrante de um sistema, destacando o seu potencial saudável e instrumentalizando o seu poder criador?

O psicodrama ofereceu um conjunto de instrumentos de intervenção na realidade vigente que, de forma coerente e efetiva, viabilizou essa proposta.

A simples reprodução de conceitos de modo puramente racional privilegia um tipo de aprendizagem que não conecta o conhecimento com a experiência vivenciada. A aplicação do psicodrama a essa realidade ofereceu as bases para uma aprendizagem grupal que integrou os aspectos cognitivos e socioafetivos. O método utilizado nesse trabalho permitiu também que fosse realizado um diagnóstico das representações sociais e mentais sobre a loucura presente no grupo, e que pudessem interferir no comportamento e na conduta desses profissionais diante dos casos que envolvem a problemática da saúde mental.

A forma experimental gerada pelo método psicodramático permite o rompimento da dicotomia entre teoria e prática no processo de aprendizagem, favorecendo o desenvolvimento da espontaneidade e da criatividade objetivado no projeto socionômico.

Por utilizar-se do dramático para a exposição do drama psicológico e/ou coletivo, favorece a expressão de conflitos de sentimentos vividos pelo grupo em relação a questões da loucura e a clarificação dos seus temores e ansiedades, permitindo uma aprendizagem em melhores condições emocionais. A diversidade de técnicas do método psicodramático (duplo, inversão de papéis, espelho, *role-playing*, projeção para o futuro, solilóquio, concretização etc.) favorece a ampliação do campo perceptual e a experimentação do lugar do outro, necessárias a um desenvolvimento mais criativo dos papéis em jogo no contexto socioprofissional.

Levando em consideração que a utilização do psicodrama pedagógico tem como objetivo geral promover uma aprendizagem integrada, privilegiando os aspectos cognitivos e afetivos dos alunos com relação aos temas abordados, especificamos como objetivos para esse trabalho:

- Relaxar o campo, contextualizar e motivar os alunos para captação do conteúdo teórico. Utilizamos, para isso, os jogos dramáticos.
- Diagnosticar e refletir com o grupo a respeito dos constructos do imaginário social de cada grupo em relação à loucura. Utilizamos aqui o sociodrama tematizado.
- Treinar os papéis de médico e enfermeiro integrantes da equipe do PSF no que concerne ao lidar com indivíduos portadores de transtornos mentais. Lançamos mão do *role-playing*.

Socionomia é a ciência que estuda a dinâmica das relações humanas, possui instrumentos para medição dessas relações e propõe métodos de intervenção para transformação dos grupos, a fim de torná-los ambientes de modo que os indivíduos interajam de forma mais saudável.

O jogo dramático se insere no método psicodramático como uma técnica que propicia ao indivíduo expressar livremente as criações de seu mundo interno, pois relaxa o campo, e a criatividade flui. É chamado jogo dramático porque ocorre no contexto dramático, diferente de outros que se realizam em outros campos de ação (futebol, xadrez etc.). Os jogos dramáticos são ferramentas que facilitam o caminho da aprendizagem e o desenvolvimento da espontaneidade e criatividade, uma vez que levam o indivíduo a um campo relaxado de conduta, favorecendo a liberdade de ação e a atuação autênticas. Não devem ter um fim em si mesmo, nem ser encarados como fórmulas mágicas capazes de levar o grupo a alcançar os objetivos propostos pelo coordenador. A utilização dos jogos dramáticos deve ser, antes de tudo, planejada, e um diagnóstico eficaz das necessidades deve ser efetuado levando-se em conta a fase da matriz em que o grupo se encontra.

No psicodrama, o jogo necessita de uma sistematização em etapas de desenvolvimento que são análogas às etapas da ação dramática: aquecimento, dramatização e comentários – esta última etapa é que confere o sentido terapêutico à aplicação do jogo (Monteiro, 1993).

O sociodrama tematizado foi o método escolhido para a pesquisa, pois é utilizado para focalizar os temas sociais representados no imaginário coletivo de um grupo, com a finalidade de objetivá-los por meio do drama. Pode servir como meio de diagnóstico, fornecendo dados de como o grupo reflete seu conjunto de crenças e valores sobre determinado tema. Além disso, é um agente transformador desse grupo na medida em que o leva a uma reflexão do conteúdo emergente.

O treinamento de papéis (*role-playing*) é utilizado no ensino para permitir ao indivíduo desempenhar melhor as ações inerentes ao papel social que assume. A finalidade é a percepção objetiva dos sentimentos e das atitudes dos outros que desempenham o contrapapel, além da busca de respostas mais apropriadas às situações.

A CRIAÇÃO

Dessa capacitação participaram 320 pessoas entre médicos e enfermeiros do PSF, farmacêuticos e profissionais de retaguarda da cidade do Recife, PE. Elas foram distribuídas em oito turmas e tiveram quatro encontros semanais de 5 horas cada uma. A distribuição das turmas por distrito foi a seguinte:

- Turma A: 18 pessoas do DS I e 20 pessoas do DS II
- Turma B: 13 pessoas do DS I e 27 pessoas do DS II
- Turma C: 15 pessoas do DS II e 25 pessoas do DS V
- Turma D: 14 pessoas do DS V e 26 pessoas do DS IV
- Turma E: 17 pessoas do DS IV e 26 pessoas do DS II
- Turma F: 17 pessoas do DS VI e 23 pessoas do DS III
- Turma G: 21 pessoas do DS III e 19 pessoas do DS IV
- Turma H: 41 pessoas do DS IV

No primeiro encontro, a coordenação de saúde mental da PCR apresentou a proposta da capacitação e da metodologia escolhida, explicando que durante as 20 horas de trabalho um psicodramatista vinculado ao Instituto Cosmos de Psicodrama – Filial Recife estaria sempre presente a fim de acompanhar e facilitar o processo de aprendizagem do grupo, enquanto as informações teóricas seriam passadas por diferentes psiquiatras. Seriam abordados:

a) os conceitos de saúde/doença;

b) a relação dos profissionais com os atores envolvidos na rede de saúde mental, a saber: o portador de sofrimento psíquico, os familiares, a comunidade e os profissionais e gestores de saúde; e

c) os principais transtornos mentais, por meio dos estudos das síndromes psiquiátricas, e seus tratamentos psicofarmacológico e psicossocial.

Em seguida, o psicodramatista começou sua tarefa apresentando sua ferramenta de trabalho – o psicodrama –, que, nesses encontros, seria utilizada nas seguintes modalidades: o sociodrama, o jogo dramático e o treinamento de papéis. A seguir, a fim de promover a apresentação do grupo, iniciou-se o preenchimento dos crachás e a técnica da apresentação sociométrica em que diferentes perguntas foram respondidas pelo grupo, facilitando o seu mapeamento (leitura sociométrica). Foi então aplicada a técnica do cego e aleijado (jogo dramático) que facilitou a introdução do tema: o limite e os sentimentos que ele provoca, apontado pelo grupo como sendo a ansiedade, o receio e o medo, o que forneceu a introdução para a aula teórica, que nesse dia foi sobre "Psicopatologia e os transtornos de ansiedade".

No segundo encontro, o método utilizado para o trabalho com o grupo, com o objetivo de abordar o modo como o sujeito estava se relacionando com as situações nas quais os fenômenos psicopatológicos surgiam, foi o sociodrama tematizado: Loucura e imaginário social. Esse instrumento foi desenvolvido por Cristiene Tenório, durante o período de elaboração da monografia para obtenção do título de Professora/Supervisora pela Febrap. As perguntas que guiavam a intervenção eram: existe espaço no imaginário social deste grupo para a inclusão do portador de sofrimento psíquico? Será que esses profissionais estão preparados para atuar de forma resolutiva, atendendo às propostas da atual política de saúde da gestão 2000-2004 da prefeitura da cidade do Recife?

Neste sociodrama, inicialmente o grupo é aquecido para o tema por intermédio do relato de uma história criada, inspirada na trajetória percorrida pelo portador de transtorno mental da pré-história aos dias atuais, incluindo os movimentos de reforma psiquiátrica. Então, o grupo é conduzido à escolha de um papel, a partir da identificação com os principais atores da reforma psiquiátrica, a saber: a comunidade, os familiares, os gestores e os técnicos de saúde, e o próprio portador do transtorno. Entra-se, então, numa retramatização na qual, revestidas por esse personagem escolhido, as pessoas vão criar histórias com esse tema, partindo do conteúdo individual até chegarem à criação coletiva. Dessa maneira, vai se revelando pouco a pouco o conjunto de valores, crenças, idéias e imagens que o grupo tem e que influencia o modo como se comportam e se relacionam.

Com essa pesquisa-ação foi possível realizar um diagnóstico da situação atual em que se encontrava o grupo, na medida em que se trabalhava na direção da construção da mudança. A aula teórica desse dia abordou os "Transtornos delirantes e a esquizofrenia".

No terceiro encontro, foram utilizados jogos dramáticos e trabalhadas as relações interpessoais e a necessidade e a amplitude do trabalho em equipe, sustentados pelos conceitos de rede psicossocial e co-inconsciente de J. L. Moreno, pai do psicodrama. Durante a aula teórica, foram discutidos os *transtornos bipolares*.

No quarto encontro, utilizou-se uma técnica que motivou o grupo na direção da construção conjunta, favorecendo o aparecimento das redes presentes e o modo como elas se vinculam às situações de estresse. Após o intervalo, a psiquiatra apresentou alguns conceitos necessários para a compreensão e a viabilização das intervenções psicossociais tais como redes, sistemas, comunicação etc. Então, o grupo foi convidado a criar um projeto de intervenção em sua área. Para tal, precisaram identificar os principais problemas de saúde mental de sua área, apontando também para os recursos aí presentes e as possíveis estratégias de enfrentamento. Vários problemas foram listados. Trabalhou-se com três subgrupos que escolhiam um problema e criavam um pré-projeto. Depois de apresentado ao grande grupo, era eleito, por consenso, o pré-projeto que representaria todo o grupo, bem como as pessoas sensibilizadas para atuar nesse projeto-piloto da coordenação de saúde mental da PCR.

Os problemas eleitos foram:

Turma A => Dependência química – Benzodiazepínicos
Turma B => Ociosidade
Turma C => Alcoolismo
Turma D => Sofrimento psíquico diário
Turma E => Miséria
Turma F => Falta de perspectiva
Turma G => Alcoolismo
Turma H => Ociosidade

De cada turma, algumas equipes de PSF se ofereceram para trabalhar na implantação dos projetos-pilotos. Para a continuidade do trabalho com o grupo de voluntários marcaram-se reuniões futuras, já com a coordenação da PCR, a fim de receberem supervisão para a implantação do projeto em cada distrito.

Os resultados

De modo geral, o primeiro encontro revelou o mesmo resultado em todas as turmas. O grupo revelou-se sobrecarregado, com alto índice de estresse, com baixa qualidade de vida, apesar de satisfeitos com o trabalho em comunidades. A maioria mostrou também receio em aproximar-se das questões de saúde/doença mental e um despreparo para ações generalistas de saúde.

Do segundo encontro, os resultados apontam para: a) não-superação do paradigma de exclusão social do diferente; b) dificuldade de diferenciação entre loucura social e loucura doença; c) dificuldade de inclusão do modelo proposto pela gestão atual de saúde; e d) dificuldade do trabalho em equipe e em parceria com as redes comunitárias, o que dificulta o enfrentamento do problema. Foi possível também identificar diferentes respostas nas diversas turmas, talvez relacionadas com a localização distrital.

O trabalho realizado no terceiro encontro fortaleceu o sentido de pertencimento do grupo ao levar os participantes a identificar semelhanças entre eles e a agrupar-se também por diferenças, aproveitando-as para a complementaridade. Esse procedimento também quebra a resistência à inclusão do diferente, do novo, que passa a ser menos ameaçador.

A noção de funcionamento em rede, com suas dificuldades e benefícios, reduziu a idealização e despertou o grupo para suas potencialidades.

Com a noção de que seriam agentes multiplicadores da co-responsabilidade social, pois deveriam estimular as comunidades a encontrar e ampliar seus próprios recursos para a promoção de saúde, elaboraram projetos-pilotos a ser implantados sob a supervisão da coordenação de saúde mental.

A DISCUSSÃO

De modo geral, os profissionais encontram-se abertos à proposta da gestão de saúde da prefeitura, porém existe um despreparo para atuar de forma eficaz, que pode ser analisado de diferentes ângulos, de acordo com cada grupo trabalhado.

- Grupo A: o profissional encontra-se paralisado entre se defender do usuário e se defender da proposta, que vê como uma atitude persecutória vinda dos níveis superiores.
- Grupo B: por um lado, acolhe a proposta; por outro, revela grande temor pela sua integridade física.
- Grupo C: acolhe a proposta, porém receia a falta de capacitação técnica.
- Grupo D: há sobrecarga excessiva, o profissional precisa cuidar primeiro de si próprio.
- Grupo E: o profissional encontra-se vinculado a paradigmas antigos.
- Grupo F: existe descrença, pois a própria prefeitura não apoiou as iniciativas anteriores deste grupo.
- Grupo G: há abertura, porém o profissional se sente solitário, sem apoio de supervisão.
- Grupo H: está aberto à proposta, porém dividido: uma parte acha que pode e já está executando a proposta na íntegra, enquanto a outra acha que é utopia.

APROFUNDANDO O PROCESSAMENTO

Para ilustração e maior compreensão do relato anterior, vamos enfatizar o processamento de um dos grupos, que bem exemplifica nosso trabalho.

1. Primeiro encontro

Trabalho com imagens, pesquisando os conceitos de doença e de saúde vigentes naquele grupo. Percebemos um conceito de doença tripartido, que numa visão tradicional poder-se-ia equiparar à depressão, à ansiedade e à esquizofrenia se relacionando com a saúde, representada por um só elemento, que tinha de dar conta dos outros três.

Vemos também a reação de riso defensivo diante da impotência sentida pela protagonista, que se mostrava ansiosa por não saber o que fazer.

Com a ajuda do grupo, estimulando o potencial *saudável,* capaz de agir, da doença, chegou-se a outra imagem, na qual os três elementos estariam se relacionando de forma confortável. Entretanto, essa imagem desagradou o grande grupo, pois o desnível de ter alguém sentado (em posição diferente) era desarmônico e incomodava. Isso refletia o desagrado que o diferente provoca.

A esse trabalho seguiu-se uma aula expositiva sobre transtornos da ansiedade, complementada com sociogramas, com o conteúdo ministrado para a realização de sua avaliação e sua fixação.

Todo o grupo se envolveu na atividade e foi nítido o relaxamento do campo, inclusive diminuindo a resistência à assimilação do conteúdo, pois muitos profissionais verbalizavam, no início do encontro, que não estavam ali por opção e não eram psiquiatras, logo não eram obrigados a atender pacientes com transtornos mentais no posto. Eles deviam ser encaminhados ao Caps, onde os psiquiatras saberiam o que fazer.

2. Segundo encontro

A utilização do sociodrama tematizado, estruturado pela dra. Cristiene Tenório (2002), permitiu ao grupo criar, repensar a si mesmo e se transformar, pois a revelação de seus conteúdos, modelos mentais e paradigmas ocorria para eles mesmos e para o observador, favorecendo, dessa forma, uma nova assimilação acerca desses conteúdos, gerando uma nova atitude.

Após o aquecimento inespecífico, procedeu-se ao aquecimento específico por meio de uma história sobre a trajetória do louco ao longo da história, desde a Antiguidade Clássica, passando pela Idade Média, pelo Iluminismo, e chegando aos dias atuais. Depois, o grupo se dividiu de acordo com a identificação com o personagem da história – o louco, a família, a comunidade e os profissionais de saúde. Procedeu-se à retramatização e, em seguida, à eleição da história protagônica, dentre as quatro que emergiram dos quatro subgrupos.

Em nossa pesquisa, observando as histórias protagônicas, tínhamos perguntas a ser respondidas: que definições esses profissionais têm sobre a loucura? Como eles se relacionam com isso? Existe nesses profissionais abertura para reconhecer e cuidar do portador de transtorno mental?

Em geral, as dramatizações mostraram a não-superação do paradigma de exclusão; uma dificuldade em separar loucura social (violência) de loucura como transtorno mental; a falta de espaço de inclusão do diferente (conseqüentemente do modelo proposto) e uma dificuldade de trabalho em equipe, em parceria com as redes comunitárias.

3. Terceiro encontro

Iniciamos com a técnica do jornal falado, fazendo uma retrospectiva da metade do treinamento que tínhamos vivido até então, tentando fazer um processamento conjunto. Em seguida, aquecemos o grupo para um trabalho com a objetivação de si mesmos em relação ao curso, tentando fazer que cada um retratasse o seu sentimento no aqui e agora.

Depois, fizemos que se agrupassem por semelhanças; em seguida, por diferenças, iniciando por duplas e refazendo as fases da matriz. Dessa forma, refletiu-se a inclusão do diferente, que muitas vezes complementa as estruturas.

Assim, as interconexões foram refletidas desde a produção em dupla, passando por pequenos grupos, chegando ao grupo específico daquela turma e se ampliando com o trabalho realizado pelas outras turmas, dando a noção de rede e pertencimento.

4. Quarto encontro

Utilizamos um jogo dramático que motivava o grupo para a construção coletiva, dando respostas novas e adequadas em situação de estresse. Facilitamos o reconhecimento de seus limites e possibilidades.

O grupo, subdividido em três, foi convidado a pensar sobre as prioridades de problemas em sua área e nos recursos existentes para enfrentá-los.

Conseguimos a objetivação do co-inconsciente grupal, pois, em muitos grupos, os problemas eleitos foram os mesmos, bem como os recursos existentes na comunidade, o que facilitou o caminho para se chegar à escolha consensual. O inconsciente comum do grupo revela-se então como um indicador de sua integração.

Considerações finais

O trabalho realizado cumpriu o que se propôs, já que houve aproveitamento dos treinandos não apenas em relação ao conteúdo teórico, mas também a mudanças nas atitudes dos profissionais quanto à disponibilidade para incorporar a saúde mental como uma faceta da promoção de saúde total, desse modo fazendo parte de suas atribuições como integrantes do PSF.

Por outro lado, houve a devolução à Coordenação de Saúde Mental da PCR dos achados relativos à receptividade da nova proposta. Também foram explicitados os motivos que dificultavam a adesão por parte das equipes. Assim, foi possível tomar medidas para minimizá-los.

"As 'situações-limites' e dificuldades que encontramos quando tomamos a decisão de AGIR não devem ser consideradas como barreiras intransponíveis, mas fronteiras onde todas as possibilidades começam" (Cida Padovan, 2003).

Referências bibliográficas

COSTA, W. G. Afeto, disciplina e aprendizagem. *Revista de Educação*, ano 26, 103, abr/jun. Brasília: AEC.

MARTÍN, E. G. *Psicologia do encontro*. São Paulo: Ágora, 1996.

MONTEIRO, R. *Técnicas fundamentais do psicodrama*. São Paulo: Brasiliense, 1993.

MORENO, J. L. La tercera revolución psiquiátrica. *Cuadernos de psicoterapia*. Buenos Aires, vol. I, n. 1, set. 1966.

________. *Psicodrama*. São Paulo: Cultrix, 1993.

________. *Quem sobreviverá?* Vol I. Goiânia: Dimensão, 1994.

PADOVAN, M. A. D. *A inserção do psicodrama no processo de seleção*. Trabalho apresentado no VI ENP, out. 2003.

TENÓRIO, C. *Existe espaço no imaginário social para reinserção do portador de transtorno mental?* Monografia apresentada à Febrap para obtenção do título de Professora Supervisora, Recife, 2002.

6

A CONSTRUÇÃO COLETIVA DA CONSCIÊNCIA ECOLÓGICA POR MEIO DA PEDAGOGIA DO DRAMA

PAULO BAREICHA

A educação ambiental tem se tornado conteúdo permanente dos congressos de pedagogia e áreas afins, desde a década de 1980. O desenvolvimento da ciência, aliado ao conseqüente impacto ambiental de suas tecnologias, propiciou o surgimento de centenas de organizações não-governamentais em todo o mundo, comprometidas em criticar os modelos de desenvolvimento industriais, tanto capitalistas quanto socialistas. Ao longo das últimas décadas, esse movimento da sociedade conseguiu despertar em indivíduos, grupos e instituições uma nova consciência coletiva, atenta à dimensão ambiental da realidade.

Conteúdos transversais como o superaquecimento do planeta, a extinção de espécies animais e vegetais, o desmatamento, as queimadas, a possibilidade de uma nova guerra mundial por água (e não por petróleo), entre outros, seriam próprios para ser trabalhados desde as séries escolares iniciais, ou deveriam ser reservados a discussões próximas do exame vestibular?

Do mesmo modo, e pelo mesmo motivo, temas como o processo de globalização, a organização de fóruns mundiais pelos países em desenvolvimento a fim de propor medidas e metas de preservação do planeta por meio da adoção de Agendas 21, assim como o descompromisso dos países ricos em atender a tais pleitos e, ainda, os imperativos da ordem econômica e seus impactos sociais, deveriam compor o elenco de conteúdos e vivências de nossos filhos a partir de que idade?

Procurando instituir ações afirmativas que respondam a tais indagações, centenas de projetos sociais em todo o mundo vêm sendo realizados, convergindo opiniões a fim de implicar o mais cedo possível, e dentro de seu entendimento e de suas limitações psicopedagógicas, o futuro cidadão. Como pressuposto, acredita-se na construção coletiva de uma consciência ecológica que informe e forme de maneira crítica e sensível o cidadão mundializado do século XXI.

Dessa forma, de maneira mais ou menos acelerada e articulada, a consciência ecológica cresce e se materializa por meio dos movimentos sociais, entre os formadores de opiniões, que ajudam a transformar o senso comum da população em geral; por meio de iniciativas científicas, que ajudam a explicar e a complexificar os problemas e suas soluções; pela instituição de políticas públicas e implicação dos empresários; e por meio de organismos do Terceiro Setor que, em parceria com as instâncias públicas e privadas, organizam e desenvolvem projetos socioeducacionais.

No ano de 2004, a Companhia de Saneamento Ambiental do Distrito Federal (Caesb) tomou uma iniciativa inédita em Brasília ao instituir um edital de projetos sociais cujos recursos tiveram origem nas multas aplicadas aos infratores. Ou seja, a "sociedade" que infringiu a lei devolve à "sociedade" mais carente projetos de interesse público que destacam e enfatizam o cuidado com o meio ambiente e, em especial, conteúdos transversais relacionados com a água.

Neste capítulo, compartilharemos a experiência bem-sucedida do **Projeto Circuito das Águas,** instituído por intermédio de convênio celebrado entre a Caesb e o Instituto Círculo de Giz, que contou também com a parceria da Faculdade de Educação da Universidade de Brasília (Bareicha e Bareicha, 2005).

Referencial teórico-metodológico

A **pedagogia do drama** tem sido organizada como referência teórico-metodológica e destinada aos profissionais que utilizam métodos e técnicas da pedagogia ativa para o enfrentamento de diferentes dramas sociais (Romaña, 2004, 1998, 1994, 1992; Bareicha e Romaña, 1999; Bareicha, 2002, 1998; Soeiro, 2003). Fóruns científicos como os Congressos Brasileiros e Iberoamericanos de Psicodrama, e o Congresso Brasileiro de Pesquisa e Pós-graduação em Artes Cênicas têm recebido e discutido as premissas desta abordagem.

Por um lado, a pedagogia do drama se diferencia conceitualmente da pedagogia do teatro, que propõe atividades próprias da transmissão do teatro em diferentes contextos, especialmente pelos jogos teatrais (Japiassu, 2001; Koudela, 1992). Por outro lado, ela tem origem na socionomia (Moreno, 1999; Aguiar, 1998), cujo principal foco é a ação. Moreno, o criador do psicodrama, elegeu o teatro como *linguagem* que melhor sustenta as ações em grupos e na sociedade; e propôs o teatro espontâneo como metodologia facilitadora da inclusão da platéia na construção coletiva de cenas a fim de explorar melhores formas de relacionamento a partir do improviso. Enfatizou a necessidade de não repetir textos, mas de recriá-los, reeditá-los constantemente.

Nesse sentido, a pedagogia do drama reedita a socionomia em uma perspectiva socioeducacional, revisitando as propostas morenianas, ampliando-as conforme a necessidade de implantação de novas metodologias de ação que dêem conta dos dramas trazidos pelos grupos sociais nos quais são aplicadas. Ela é construída pela ação efetiva e simbólica de quem co-constrói a ação e se propõe a acessar a subjetividade individual e grupal. Construímos coletivamente realidades. Percebemos que a consciência de um fato ou conteúdo é mais real e verdadeira quando compreendemos que os outros também a compartilham. Aprendemos que não há uma interpretação linear exclusivamente racional e verbal, mas interpretações, verdades, consciências. Descobrimos e ampliamos nossa co-consciência dos fatos e pela linguagem artística expressamos o que sabemos e aprendemos uns com os outros.

Os métodos de ação socionômicos mais utilizados na perspectiva da pedagogia do drama são o *role-playing*, o sociodrama, os jogos dramáticos, o jornal vivo, o método educacional psicodramático e diversas variações do teatro espontâneo. Nos contextos comunitários e educacionais são utilizados principalmente para trabalhar problemas de relacionamento; no treinamento de papéis; como didática de conteúdos curriculares e transversais; como sistema de aprendizagem vivencial e de autoconhecimento; como método de orientação pedagógica, vocacional e profissional; como espaço de experimentação e problematização do cotidiano; como espaço de livre expressão e criação espontânea (oficinas); em consultorias para organização e definição de metas para lideranças comunitárias e coordenações pedagógicas; e como metodologia de pesquisa qualitativa (Bareicha, 1998).

A pedagogia do drama propõe uma abordagem multirreferencial e multiprofissional e procura realizar uma leitura plural de seus objetos de estudo e ação, teóricos e práticos. Os diferentes olhares instituem tanto pontos de vista específicos quanto linguagens mais apropriadas que outras, conforme a ação exige. Procura-se tornar mais legível a complexidade dos fenômenos que envolvem a educação com base em leituras qualitativas. Os olhares comprometidos apresentam sua contribuição procurando outros olhares afirmativos. Essa atitude garante a heterogeneidade em uma perspectiva de alteridade. Com esses fundamentos e pressupostos, descreveremos agora os procedimentos de ação utilizados no Projeto Circuito das Águas.

Procedimentos de ação

Fase 1 — Aquecimento: preparação e mobilização social

A mobilização social de uma comunidade ou de um grupo não é um produto que conseguimos encerrar e avaliar; antes, é um processo dinâmico e interativo no qual procuramos convocar as vontades de uma platéia para um projeto coletivo imediato, avaliando passo a passo os caminhos a ser escolhidos. "Convocar vontades" é muito mais do que ir a um palanque e conclamar as pessoas a um fim; é mais do que enviar cartas-convite explicando uma proposta. Convocamos vontades quando conseguimos implicar atores em sua cena social; quando implicados, podemos lhes oferecer, ainda, uma via para discussões, criando condições para que debates, propostas e metas continuem sendo buscados após nossa saída da comunidade (Bareicha, 2002).

Durante quatro meses nos preparamos e preparamos a comunidade escolar para o encontro. Nesse período, a peça teatral *Um lago que queria virar mar* (Lacerda, 2004) foi escrita e realizada. Os ensaios foram feitos em uma escola e, freqüentemente, alunos observavam os exercícios e as marcações preparatórias. A história foi criteriosamente construída durante o processo. O objetivo maior foi tanto cativar quanto educar crianças e jovens do Distrito Federal acerca do lago Paranoá. Bonecos e adereços foram criados à luz da estética e da mística circense dos antigos bonecos de manipulação artesanais. As músicas foram uma criação coletiva do grupo, contingente aos ensaios e às decisões da direção sobre a continuidade das cenas.

Ao mesmo tempo que o espetáculo era concebido, uma cartilha explicativa, fundamentada no livro de Fonseca (1999), foi criada a fim de facilitar o aprendizado das principais informações ensinadas na peça. Como componente didático do espetáculo, a cartilha reforçou o texto teatral e ajudou a reforçar conteúdos e valores relacionados com a necessidade de preservar as fontes de recursos hídricos no Distrito Federal. Foram impressas e distribuídas doze mil cartilhas. Participaram de sua criação alunos do curso de Letras e de Pedagogia da Universidade de Brasília.

A fim de avaliar o aprendizado dos conteúdos ensinados na peça e reforçados ilustrativamente na cartilha, foi criado um instrumento de avaliação de aprendizagem. Novamente, os alunos da UnB, sob a supervisão de professores, foram responsáveis pela criação, aplicação e análise dos dados colhidos. O verso do questionário, também impresso, foi utilizado como espaço para produção livre de texto sobre o lago Paranoá, pelos adolescentes, alunos das escolas públicas, que participaram do projeto.

Para a divulgação do espetáculo nas escolas foram produzidos dezesseis mil fôlderes e quinhentos cartazes com informações quanto ao dia e local das apresentações, fotografias, publicidade e créditos sobre a peça. Além das informações prestadas, todas as salas de aula, de todas as escolas envolvidas, foram visitadas e os alunos e professores *convocados* a participar do projeto.

Durante essa fase, uma semente foi plantada. Algumas informações que suscitaram curiosidade dos alunos foram divulgadas. Foram ainda realizadas palestras sobre o conteúdo, a forma, os objetivos, para o corpo docente das escolas. Panfletos e convites foram enviados aos pais e responsáveis pelos alunos para que também participassem do processo. Tendo-se cumprido todos os objetivos iniciais, passamos à próxima fase, cujo início coincidiu sempre com o dos semestres letivos da Secretaria de Educação.

Fase 2 — Ação: o segredo é manter o grupo mobilizado

Em cada escola, realizamos uma reunião com a diretoria e com os professores na qual descrevemos minuciosamente nosso plano de ação. Foram visitadas e convidadas a participar dezoito escolas, dentre as quais quatorze aceitaram a convocação de vontades e participaram da realização do projeto. Em todas as escolas, a **estratégia de ação** foi a mesma, como mostra a figura a seguir.

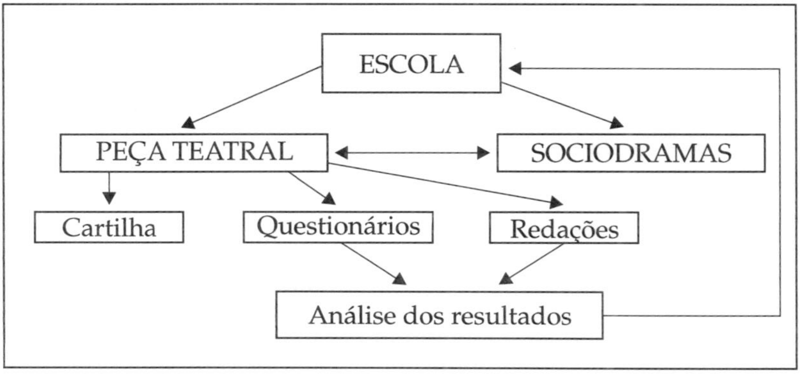

Estratégia de ação nas escolas

Após o contato inicial e firmada a parceria com a escola, passamos a agir junto dos participantes e não alheios a eles. Descobrimos que, em muitas escolas, há o hábito de aceitar intervenções psicopedagógicas, espetáculos e outras atividades, devido à falta de ações direcionadas aos alunos da periferia. Essas atividades surgem e desaparecem sem contemplar a realidade local. Por esse motivo, enfatizamos, desde o início, a necessidade de implicação do maior número possível de alunos e professores e da continuação das propostas após o término do projeto.

Passamos às apresentações. Com palco improvisado nos pátios das escolas e com uma estética mambembe, a trupe do Teatro Círculo de Giz, liderada por "seu Leitinho", contador de histórias e sábio brincante, encantou a platéia chamando-lhes a atenção para os problemas ambientais que afligem o lago Paranoá. O lago foi o protagonista da peça e personificou uma das maiores riquezas da cidade, quer por seus aspectos ambientais e ecológicos, quer por suas características turísticas, de diversão e lazer. Apesar de desconhecido por grande parte da platéia, é um marco da história da cidade e sua extensão é maior do que a Baía de Guanabara, no Rio de Janeiro. Em cada escola, as apresentações se deram por série, da quinta à oitava, variando a platéia entre cem e trezentos espectadores.

O espetáculo teve 40 minutos de duração. Ao final de cada apresentação e durante a próxima hora e meia, realizamos um "sociodrama da água". Como abordagem socionômica, o sociodrama mantém o foco no grupo de participantes, possibilitando identificar e lidar com suas idiossincrasias, sem expor um participante especificamente. O problema da água suscitado pela história do lago aludiu a questões infra-estruturais comuns aos participantes, como a necessidade de economizar água, problemas com o lixo e a poluição de mananciais próximos à periferia, entre outros; e também à possibilidade de utilização do lago como fonte de diversão e lazer.

Como realizamos sociodramas?

Vamos compartilhar agora uma das muitas experiências sociopsicodramáticas que tivemos durante esses dois anos de realização do projeto. Em três momentos, realizamos esses encontros: após as peças, nas salas de aula e na reunião final com os professores. O relato que se segue diz respeito a uma das continuações da peça.

Estamos a 40 km de Brasília, no Gama, uma cidade-satélite, como são chamados por aqui os bairros. No princípio era uma unidade militar da Marinha do tipo "alfa", "beta", "delta", que foi transformada em residencial popular. A escola pública é típica da periferia de um grande centro urbano: há grades, pichação de muros e paredes, e também muitos alunos curiosos e interessados na história do "lago que queria virar mar" – como fora anunciado. Durante os 35 ou 40 minutos da apresentação, não houve conversa, apenas olhos arregalados aprendendo e se divertindo.

Na última cena, o "seu Leitinho", protagonista, termina contando que o lago Paranoá, como havia profetizado Tupã, não queria mais virar um mar pois havia encontrado dois grandes amores pelos quais se apaixonara: a Lua (no magnífico céu do planalto central) e Brasília (a Capital da Esperança). Naquele momento, os músicos entram em cena cantando a última música e, aproveitando este longo *aquecimento inespecífico* da platéia, assumo a direção e damos continuidade ao espetáculo coletivo.

Pergunto aos presentes se concordam com o final da história. Naquele dia (e comumente), manifestaram-se afirmativamente. São alunos da sexta série e seu entusiasmo condiz com a faixa etária. Peço então a quem gostou da peça que fique de pé. A platéia começa a se movimentar com muito ruído. Obviamente os professores já haviam sido instruídos a como proceder para ajudar a dar continuidade às cenas. A relação é de um professor para cada cinqüenta alunos. Temos quatro professores e mais quatro atores auxiliares cooperando.

Estamos no período logo após o lanche, por volta das dez e meia da manhã. Os alunos possuem grande mobilidade porque seus materiais escolares ficaram na sala de aula. O pátio adaptado como palco é isolado das demais turmas, que permanecem em aula. Estando todos em pé, pergunto se alguém teria alguma outra idéia para o encerramento da peça. Olhos que se entreolham timidamente vão cedendo lugar a afirmações do tipo "eu faria..." – o que nos organiza a continuação.

"Muito bem, boa proposta a sua", digo a quem se manifestou. "Gostaria de ver como ficaria na cena?" Nossos atores recompõem a cena dando o final solicitado pela platéia. A primeira participação pode demorar alguns segundos, mas as próximas vêm uma atrás da outra. "O lago poderia chegar até ao mar", "poderia se casar com Brasília", "poderia ir conhecer outra cidade", "poderia contrariar Tupã e viver só" – entre outros muitos finais. Encenados finais pelos atores, a platéia escolhe um para continuarmos e toma lugar novamente nas carteiras.

Escolheram "o casamento do lago". Como não tínhamos mulheres em nosso grupo naquela apresentação, uma das professoras fez o papel de Brasília. Antes do casamento, uma aluna propôs a fase do namoro. Dá para imaginar a manifestação da platéia quando, nessa cena em teatro espontâneo, simulou-se um beijo. A professora ficou vermelhíssima e os alunos ainda mais aquecidos para o que viria a seguir. Aproveitei para convidá-los a ser mais do que roteiristas e escritores que propõem o fim das histórias: encorajei-os a tornar-se os atores.

Novamente alguma hesitação seguida de participação espontânea. Uma menina da sexta "A" e um garoto da sexta "E". Uma coroa que lembra a catedral de Brasília foi-lhe entregue, como símbolo da personagem; e a ele uma túnica de cetim azul-clara simbolizando o lago. Personagens construídos, passamos a textos espontâneos do casal. Após uma seqüência, sugeri à platéia que participasse novamente como autores, propondo, um de cada vez, continuidade entre o período de namoro até o casamento. Uma aluna da platéia sugeriu que o casal discutisse os problemas do casamento. Enfatizei essa proposta deslumbrando as possibilidades para tratarmos os assuntos referentes à água. Cada uma das cenas trazidas até então e cada uma das sugestões da platéia poderiam levar a continuidades diferentes. Como nosso foco de ação, além de nosso contrato coletivo, referia-se à questão pedagógica de como lidar com possíveis dramas daquele "grupo" ou *socius* em relação à água, escolhemos essa direção.

A discussão do casal começou sobre o assunto "fidelidade" e a Lua foi rapidamente citada. A platéia novamente mostrou-se engajada com participações espontâneas que deram algum trabalho aos atores auxiliares. Concordaram, após algum tempo, que "só apreciar a beleza da Lua" não era traição. Alguns dos alunos continuaram não concordando, mas prosseguimos. Uma aluna propôs que tratássemos de problemas do cotidiano que afetam o relacionamento do casal. O grupo sustentou curiosamente a proposta. Mais uma vez, tínhamos a possibilidade de derivar as próximas cenas para muitos temas. "Problemas familiares", "briga dos pais", "violência doméstica", entre vários outros, poderiam ser explorados. Provavelmente, a platéia se beneficiaria muito com essa abordagem. Mas, se até na cena espontânea, para este grupo, a fidelidade é a marca do início de contratos, mantivemos fielmente o nosso foco nas questões ecológicas.

Dividimos o grupo em três partes: aqueles que até então estavam se identificando mais com o lago, aqueles que se identificavam mais com Brasília e aqueles que estavam em dúvida, sem identificações ou sem vontade de participar ainda. Dois grupos de cerca de quinze alunos cada um ficaram atrás dos protagonistas. Instruí-os para que, à medida que sentissem necessidade, participassem da cena principal, chegando perto de Brasília ou do lago. Em cada grupo, um ator auxiliar continuava mantendo os participantes aquecidos, orientando e sanando dúvidas. Assim, sem ter de me preocupar com eles, pude cuidar da cena principal.

Perguntei a eles, na relação entre Brasília e o lago, quais seriam os termos do contrato de casamento. Na cena espontânea, repetiram mais ou menos o que um padre diz: "na saúde e na doença, na riqueza e na pobreza", e assim por diante. Dos auxiliares de Brasília vieram demandas: eu preciso que você (lago) esteja comigo o tempo todo e não falte; preciso que leve água a todos os cantos; preciso que me prometa que nunca faltará água para mim etc. Tal iniciativa suscitou nos atores do lago a complementação: preciso que cuide de mim, que me deixe sempre limpo, sem lixo, e cuide de minha beleza. Atores auxiliares juvenis, oriundos dos grupos, substituíram os atores iniciais espontaneamente. Com novos atores e novas interpretações, a discussão não perdeu em curiosidade, mas o tema se transformou em uma "briga de casal". De parte a parte, os personagens cobraram um do outro mais participação, entrega, engajamento e iniciativa na tarefa de cuidar um do outro.

Nesse momento, muitas foram as "informações erradas" que surgiram no discurso dos atores. A incorreção é verificada do ponto de vista da geografia, da história ou da ecologia. Poderíamos, como em uma aula, interromper a fala, corrigir e dar continuidade. Contudo, corríamos o risco de, ao preservar o conteúdo correto, destruir a didática instaurada. Um dos atores auxiliares de nosso grupo anotou atentamente as informações e voltamos a trabalhá-las em outro momento, em sala de aula. As informações incorretas são comentadas em outra parte deste texto. Contudo, cientes dos enganos, pontuamos a direção da cena que estávamos então escolhendo, dizendo à platéia que percebemos muitas informações incorretas, verdadeiras "calúnias" que um personagem fazia em relação ao outro. Mas que, como em toda briga de casal, havia coisas verdadeiras e exageros.

Voltando à platéia, disse que queríamos, naquele momento, saber "a verdade" sobre aquela relação. Para tanto, precisávamos que os presentes participassem mais e testemunhassem. Os que tivessem algo a dizer sobre Brasília deviam recompor o grupo atrás dela; o mesmo se daria sobre o lago. Algumas pessoas novas recompuseram o quadro e recomeçamos. Havia mais pessoas no grupo de Brasília do que no do lago. Verificamos então que poucos conheciam o lago e que poucas informações comporiam suas falas.

Novas defesas e novas acusações. Deixamos que todos que quisessem se pronunciar o fizessem. Esgotamos as possibilidades. Como conteúdo, de modo geral, Brasília disse que trata a água do lago, que se preocupa constantemente com ele, que trata os esgotos, que não deixa que joguem lixo e até construiu barragens e pontes para melhorar seu funcionamento e sua beleza; e não deixou de reclamar de que o lago nem chega a todos os lugares, como o Gama, por exemplo. O lago jurou fidelidade, disse que fazia tudo o que estava ao seu alcance, mas que Brasília era uma noiva muito exigente e ciumenta.

Apesar de a platéia estar atenta e motivada do início ao fim, nosso tempo estava acabando. Já se passara quase uma hora e teríamos ainda cerca de 20 minutos. Partimos para o encerramento da cena. Diante do impasse causado pela "briga do casal", convidamos os participantes a experimentar um final para aquele dia. Vários foram os finais: o lago briga com Brasília e ambos terminam de costas um para o outro; Brasília encontra um rio e faz ciúmes ao lago; o lago se casa com a Lua e obriga Brasília a vê-los juntos todos os dias; o lago pede desculpas a Brasília, jura fidelidade eterna e amor infinito e os dois vivem juntos para sempre. Todas as cenas foram feitas pelos alunos e a última foi a escolhida pela platéia como encerramento do dia.

Muitos aplausos aos atores espontâneos. Abrimos ainda para participações espontâneas da platéia para que se manifestassem sobre a apresentação e a participação. As professoras presentes elogiaram a iniciativa e agradeceram a participação de sua escola, solicitando novas visitas. Ressaltaram ainda ter percebido a falta de informação dos alunos e alguns enganos sobre certos conteúdos; e que isso organizaria algumas de suas próximas aulas. Os atores e atrizes juvenis comentaram sobre a dificuldade inicial de tomar um lugar no palco e a satisfação de ter "brincado" um pouco de teatro. Elogiaram atores, figurino e músicas. Alguns pediram informações sobre onde poderiam ter aulas de teatro.

Informamos aos presentes que ainda passaríamos em sala de aula e poderíamos realizar outra vivência. Entregamos as cartilhas e convocamos a todos para redigir um "protocolo vivencial" na forma de redação livre sobre o lago Paranoá. Solicitamos aos professores que dedicassem uma ou duas aulas para trabalhar os conteúdos da cartilha e, ao final, aplicassem o instrumento de avaliação. O engajamento e a participação dos professores nessa tarefa foram decisivos para o sucesso dessa fase do projeto. Ao concluirmos as atividades do dia, o grupo de teatro retornou com a música de encerramento que, para surpresa, teve o coro engrossado por muitos.

AVALIAÇÃO

O segredo da estratégia é manter o grupo aquecido, do início ao fim. Com essa metodologia de ação, o conteúdo "oficial", já visto nas salas de aula e reapresentado na peça teatral, foi retomado. Nesse formato metodológico, as informações são inseridas pelos próprios participantes em espaços e tempos vinculados às suas próprias vivências e experiências. Com isso, aumenta a mobilização do grupo (aquecimento) e se promove o interesse e a curiosidade pela pesquisa-ação conseqüente. Mesmo com o prejuízo da inserção de informações incorretas, o ganho em participação é maior e prepara o caminho para que os professores dêem continuidade aos conteúdos em sala de aula. O palco se transforma em cenário propício para uma comunidade de investigação instituída agir criativamente. Essa comunidade permanece em ação na escola após sairmos de cena.

A avaliação do processo é qualitativa e permanente. Os questionários e as redações produzidas são importantes mas não imprescindíveis instrumentos de levantamento de dados. Suas informações foram analisadas quanto ao conteúdo, e nova visita foi feita às salas de aula para compartilharmos os achados.

Dentro da pedagogia do drama proposta, em cada sala de aula, novo procedimento socionômico foi realizado: sociodramas, axiodramas, teatros espontâneos – conforme o clima do grupo e o imperativo do tempo, tínhamos apenas 50 minutos livres (uma hora/aula) para a atividade na sala de aula. Às vezes, o tema suscitado pelo grupo foi além do sociodrama, permitindo que o foco se direcionasse a valores sociais. O valor da água, a ética no uso da água, a guerra pela água, vidas secas etc. foram alguns dos temas trabalhados axiodramaticamente. Em outras salas, sempre tendo em vista que a abordagem teria apenas uma hora para sua execução, optamos por práticas do teatro espontâneo. Partindo de uma escultura ou de uma fotografia, cenas foram produzidas, às vezes multiplicadas, e elementos do vivido foram trazidos à discussão pelo grupo. Em todas as situações, o pensar não ficou indiferente ao agir.

Como afirmou Romaña (1992), esse é o momento no qual presenciamos um conhecimento que circunda a própria vida dos estudantes e funde-se com ela. Percebemos com satisfação que os conteúdos estavam em movimento e que os grupos (turmas), em ritmos diferentes, estavam constituindo seu próprio processo de aprendizado. As práticas sociais propostas pelos participantes após cada encontro, por mais simples e usuais que parecessem, foram práticas concretas porque vividas, porque pensadas, porque constituídas de relações e de determinações complexas – de cunho social, acadêmico e afetivo.

O Projeto Circuito das Águas foi encerrado em cada escola com uma última reunião com os professores e a direção da escola, na qual entregamos o relatório final; e os dados, do início ao fim, foram socializados e amplamente discutidos e significados. Uma última vivência fortaleceu ainda mais o texto multiautoral, coletivamente proposto e construído, que compôs, em cada lugar com sua peculiaridade, sua própria consciência ecológica.

Fase 3 — Compartilhamento: os resultados são cenas em busca de continuidade

Várias foram as avaliações e transformações realizadas contingentes às necessidades encontradas no campo de trabalho. Anualmente, foram feitos relatórios técnicos que ajudaram a descrever o percurso em suas vicissitudes e limitações. Os resultados agora compartilhados dizem respeito aos dois primeiros anos de sua execução, 2004/2005.

O procedimento de mobilização social perpassou o projeto desde antes do ingresso na escola até após a saída da comunidade. Na Universidade de Brasília, a convocação de vontades atingiu alunos dos cursos de Pedagogia, Letras e Antropologia. O papel dos alunos foi importante no processo de mobilização, na realização das tarefas cotidianas, na avaliação dos resultados, na aproximação do saber universitário à realidade educacional do Ensino Fundamental e Médio.

Participaram catorze escolas dos bairros de Brazilândia, Riacho Fundo, São Sebastião, Guará e Gama – na grande Brasília. No total, foram feitas 52 apresentações teatrais do espetáculo *Um lago que queria virar mar*. Valendo-nos da temática da água, realizamos 172 atos socionômicos: 103 sociodramas, 28 axiodramas e 41 teatros espontâneos – realizados após as apresentações, no retorno às salas de aula após as apresentações do teatro e nas reuniões com os professores, tanto na preparação quanto no encerramento do projeto.

Com as declarações dos professores e da direção de cada escola, pudemos estimar a participação direta de 9.562 alunos e 69 professores durante o período de execução. Os alunos freqüentavam da quinta a oitava séries, nos períodos matutino e vespertino, com idades variando entre 12 e 20 anos. Desses alunos, 6.312 produziram e entregaram os protocolos vivenciais sobre o lago Paranoá, significando, por meio da escrita, o que já havia sido experimentado como espectador e como ator/autor participante.

A análise dos questionários revelou novos aspectos da realidade dos alunos. A dificuldade de expressão escrita é uma realidade dos alunos na maior parte das escolas brasileiras, não sendo diferente nas que foram nossas parceiras. A expressão dramática, por meio dos sociodramas e dos teatros espontâneos, mostraram a implicação dos jovens e suas opiniões sobre o conteúdo abordado. Contudo, a composição de uma redação se tornou obstáculo à comunicação de idéias, revelando dificuldades de aprendizagem, de relacionamento e de convivência, que retrataram com fidelidade as experiências de seu cotidiano escolar.

Nesse sentido, a análise dos questionários que nos serviriam de parâmetro de avaliação tornou-se um dado a ser interpretado. Mesmo sendo composto por afirmações diretas, enunciadas em uma linguagem simples, às quais os alunos deveriam optar por "falso" ou "verdadeiro", conforme seu entendimento, o instrumento se mostrou inapropriado como indicador de aprendizagem. Como já foi dito, dos 9.562 alunos que compuseram a platéia, apenas cerca de 66% entregaram as redações; e, destes, cerca de 30% (1.894 alunos) não preencheram, no verso, o questionário de avaliação de conteúdos. Dos questionários respondidos, a média das notas foi 70, ficando bem abaixo do esperado, quer pela clareza da didática quer pela suposta facilidade de preenchimento.

Passamos então à análise de conteúdo das redações, realizada pelos alunos da Universidade de Brasília, sob supervisão. Nesse tipo de análise, estamos atentos ao que é dito, ao que não é dito e ao que deveria ter sido dito. Por meio desse critério, conseguimos depreender dos textos seis categorias de análise sobre como concebem sua relação com o lago Paranoá: 1) características; 2) preservação; 3) turismo e lazer; 4) educação e conscientização; 5) funções do lago; e 6) informações incorretas.

Ao se referirem às **características** do lago, 318 alunos mencionaram espontaneamente na redação que jamais foram ao lago Paranoá. Trata-se de um dado inesperado porque acreditávamos que, mesmo de ônibus, ou por força de circunstâncias, visto que o lago perpassa toda a cidade (mas não a periferia), ele tivesse sido visitado por todos. Como esta pergunta não foi feita diretamente, estimamos que muitas outras crianças e jovens desconheçam completamente sua existência e importância. Talvez, por esse motivo, muitas redações descrevessem o lago de forma genérica (azul, grande, bonito, importante etc.). Ou seja, qualquer outro título semelhante caberia ao texto produzido, por exemplo, "lagoa da Pampulha", "lagoa Rodrigo de Freitas", "lago Titicaca" etc. As redações caracterizavam o lago, mas não o distinguiam e enalteciam sua especificidade brasiliense. Não ocorreu implicação e pertencimento na descrição do objeto.

Quanto à **preservação**, o discurso também foi genérico. "Preservar o meio ambiente" é jargão conhecido e bem repetido em mais de 80% das redações. Em quase 50% dos casos, "preservar a natureza" foi a idéia central. Nesse caso, a ênfase recaiu sobre propostas de ação como plantar árvores, reciclar o lixo, evitar queimadas e não destruir a natureza – temas bem trabalhados pelos professores em sala de aula. Em poucas redações (menos de 10%), observamos proposições como não jogar lixo no lago, não realizar construções perto dele e despoluí-lo.

Nenhuma das redações se referiu a qualquer projeto, de iniciativa pública ou privada, que estivesse atualmente sendo executado como o Projeto Orla e o Projeto Corrente, entre outros. Também não ocorreu nenhuma referência ao papel da Caesb, ou de qualquer entidade, na preservação do meio ambiente, de modo geral, e do lago Paranoá, em particular; tampouco se fez referência ao papel do governo distrital ou do governo federal na implantação e execução de políticas ambientais.

Já em relação ao **turismo e lazer**, a prática de esportes aquáticos (natação, vela, *jet ski* etc.) corresponde à grande maioria das citações (44,5%), e o passeio foi o segundo mais citado (31,3%). Contudo, afirmações vagas como "ele é bom para turismo e lazer" ou "para nos divertirmos", ou ainda "para desfrutar sua beleza", são ocorrentes. Interpretamos que se trata de uma mistura entre o aprendizado informativo, quer transmitido na sala de aula quer transmitido pelos noticiários da televisão, e a falta de hábito de praticar os referidos esportes e/ou realizar aqueles passeios. Na realização dos atos socionômicos nas salas de aula, onde essas informações foram compartilhadas, verificamos a consistência dessa inferência.

A **conscientização** das pessoas é o apelo mais freqüente nas redações (53%). Nesse sentido, é enfatizada a socialização do turismo e do lazer à maior parte da população – procedimento que os inclui na cena turística da cidade. Destaca-se ainda a necessidade da prática de esporte e lazer inteligente e em sintonia com os imperativos da preservação. Referências à peça teatral e à cartilha distribuída também são freqüentes nesse tema. Isso nos mostrou que esse aspecto do conteúdo transversal "água" tem sido bem trabalhado em sala de aula, ainda que não especificamente relacionado com o lago Paranoá. Nesse sentido, manifestações como "o desejo de aprender mais sobre o assunto" e "visitar e explorar o lago" são ocorrentes nas redações e nas vivências.

A principal **função** do lago repetida em mais de 40% das redações analisadas foi *"ajudar a aumentar a umidade do ar nos períodos de seca"*. De fato, uma função pródiga por não ser verídica. Segundo especialistas como Fonseca (1999), devido à altitude do planalto central, grandes concentrações de água como o lago não amenizam os efeitos da seca. Entretanto, essa afirmação é citada até mesmo na lista telefônica de Brasília, em um parágrafo que fomenta o turismo. Em uma das redações, um duplo sentido parece mais adequado: de que "o lago ameniza a seca, enchendo nossos olhos de alegria e esperança de melhores dias, ao ver tanta água" naquele período. Outras funções citadas dialogam com outras categorias, como "ser um grande reservatório de água e de peixes" e um "local apropriado para se praticar esportes aquáticos".

A categoria mais preocupante diz respeito ao que não deveria ter sido dito, ou seja, às **informações incorretas** sobre o lago Paranoá, presentes em quase 20% das redações. O que mais chama a atenção é que emitem opiniões pressupondo que sejam corretas, quando não são, quer por desconhecimento quer por distorção da realidade. Por exemplo, mencionam que o lago fora planejado "para refrescar as casas próximas"; que essas casas são a causa da poluição; que os turistas é que poluem o lago jogando lixo e objetos; que o lago fica no bairro *lago* *sul* (e ele se estende também pelo lado norte da cidade e abrange cinco bairros); que fica no bairro homônimo, *Paranoá* (que se situa apenas na região da barragem); que *não há poluição* no lago, ou que ele é *totalmente* poluído; que só há uma ponte no lago (existem quatro), que levou décadas para ser construído (e foram meses), que há vinte anos estava quase seco ou era um rio; que é natural ou é obra de Deus (ele é artificial); que fora construído por senhores de engenho no século XIX, entre outras tantas opiniões ou crenças equivocadas. Tais pontos de vista foram os que mais divertiram a platéia ao ser retrabalhados por meio de teatros espontâneos nas salas de aula.

Todos os conteúdos compuseram o relatório final. Estas e outras informações fizeram parte do retorno às salas de aula para o compartilhamento final. Elas ajudaram a reconstruir e reorganizar os conteúdos e a instrumentalizar as últimas dramatizações realizadas. A pedagogia do drama, referendada teórica e metodologicamente na socionomia, utilizou linguagens visuais, artísticas e a escrita para promover a tomada de consciência ecológica de professores e alunos das escolas públicas, promovendo um aprendizado participativo e vivencial.

Considerações finais

A utilização de linguagens artísticas e convencionais e a sobreposição de métodos e técnicas de ação nos possibilitaram abordar pedagógica e mais efetivamente o drama coletivo da água no Distrito Federal. Os métodos de ação socionômicos aliados aos protocolos vivenciais serviram de instrumentos de pesquisa-ação e contribuíram para a construção da co-consciência ecológica coletiva – principal objetivo proposto e alcançado.

Iniciado o processo pedagógico, alcançados os primeiros objetivos e metas, novos desafios se fazem presentes. O principal deles é manter o grupo mobilizado e engajado na proposta inicial. Como motivar mais os alunos sobre o tema? Como fazê-los pensar criticamente nossa realidade? Como fazê-los implicar-se na descoberta de soluções e caminhos? Como torná-los, desde a perspectiva da água, verdadeiros cidadãos?

As "Oficinas vivenciais", como chamamos os encontros nas salas de aula, cujo objetivo é a construção coletiva de conhecimentos, mesclando informações científicas com atividades artísticas, parecem ser um dos caminhos mais produtivos. Com dele, defendemos o pressuposto de que a preservação do meio ambiente deva ser um valor defendido por todo cidadão. Contudo, o "como fazer" também deve qualificar essa prática cidadã.

Como a pessoa comum pode se qualificar para exercer sua cidadania? O conhecimento de seu governo local, estadual e federal, além das instituições públicas e privadas implicadas nesse fim, certamente enriquecerá as opiniões de cada morador do Distrito Federal e de cada cidade ou região onde um projeto como o Circuito das Águas for executado. Mas só a informação não basta para formar a consciência ecológica e qualificar o cidadão.

Após a informação, vem a implicação da pessoa na tomada de consciência ecológica, esclarecendo seu papel, o significado e a importância de sua participação em seus grupos e na sociedade. Com esse entendimento, ainda haverá uma práxis que organizará a pessoa comum na experimentação do papel de cidadão, qualificando-se. Por meio da práxis, ocorre o exercício da cidadania, a participação efetiva na construção do futuro da comunidade e, por extensão, do bairro, da cidade, do país.

O aquecimento do papel de cidadão por meio da mobilização social exige ações de comunicação em um processo continuado de compartilhamento e coletivização de idéias e ideais. Pela viabilização da comunicação contínua do indivíduo com os grupos aos quais passa a pertencer, é que começamos a perceber o funcionamento das interações em uma perspectiva de redes sociais.

Uma rede de mobilização social só pode ser construída e entendida no contexto coletivo da comunidade na qual está inserta. Com maior eficiência, os conhecimentos pertinentes à realidade grupal são socializados e apropriados pelo ator social. O grau de implicação, envolvimento e engajamento dos atores entre si otimiza a comunicação oportunizando um fecundo *locus nascendi* para o surgimento de protagonistas e líderes. Assim, desde os líderes até os membros mais distantes, o coletivo tece a rede que integra seus membros, acolhendo-os, protegendo-os, implicando-os e envolvendo-os em ações de cidadania comuns.

Como fruto direto do Projeto Circuito das Águas, ações afirmativas em defesa do meio ambiente, como palestras e visitas de especialistas em diversos temas, foram organizadas nas escolas. Em outras escolas, a semana do meio ambiente passou a representar, no calendário escolar, o que a feira de ciências representava. Alguns alunos ingressaram em ONGs locais engajadas em tarefas como a limpeza de pequenos mananciais e o plantio de árvores nativas; outros ingressaram em grupos escoteiros; e outros ainda manifestaram o desejo de aprender mais sobre o teatro a fim de expressar melhor suas idéias sobre ecologia. O projeto, levado à Universidade de Brasília, fez que uma disciplina homônima fosse criada e recebesse, todos os semestres a partir de então, alunos de licenciaturas interessados pela referência à pedagogia do drama e pela consciência ecológica. Tais alunos mobilizaram profissionais de psicodrama de Brasília e realizaram durante a Semana da Extensão da UnB, em 2005, quarenta oficinas vivenciais sobre a temática da água. Ação de cidadania que reuniu mais de três mil pessoas na platéia.

Tais iniciativas representam pequenos elos entre indivíduos e grupos que logo se organizarão e se unirão a instituições, como a UnB, formando redes sociais. Nesse sentido, devido à pequena quantidade de verbas públicas para a implantação de políticas relacionadas com o meio ambiente, devemos ressaltar a iniciativa da Caesb em criar um edital próprio para projetos sociais para o meio ambiente, agregando grupos organizados.

Do mesmo modo, devido ao revelado desconhecimento do lago pela população, caberia à Secretaria de Turismo empreender iniciativas para que o brasiliense conhecesse melhor sua cidade. Em outras cidades do Brasil e em outros países (como Peru e México), há algum tempo as escolas participam de programas socioeducacionais, levando seus alunos a conhecer e a formar uma opinião sobre sua própria cidade, sua própria realidade, apropriando-se como cidadão da realidade de sua história.

Como fruto da experiência que descrevemos e partindo do pressuposto de que conhecer é experimentar, sugerimos à Secretaria de Educação do Distrito Federal a implementação de ações de cidadania permanentes, como as visitas de estudantes, desde o Ensino Fundamental, acompanhados de professores e monitores que expliquem o funcionamento do laboratório da água, da barragem do Paranoá, das estações de tratamento de esgotos; assim como passeios e piqueniques informativos atravessando as pontes, visitando a concha acústica (à margem do lago), o Palácio da Alvorada, a Ermida Dom Bosco, entre outros muitos pontos turísticos.

Que o futuro nos permita continuar realizando estas e outras ações que conduzam à produção de novos textos (psicodramáticos e escritos) mais ricos e verídicos, que ajudem a construir nossa consciência ecológica e ofereçam à memória juvenil impressões as mais apaixonadas sobre a nossa bela Brasília.

Referências bibliográficas

AGUIAR, M. *Teatro espontâneo e psicodrama*. São Paulo: Ágora, 1998.

BAREICHA, P. Educação, teatro e psicodrama: em busca de conexões. *Revista Linhas Críticas* 4(7-8): 121-36, Brasília: Faculdade de Educação da UnB, 1998.

________. *O teatro espontâneo como método de pesquisa das representações sociais nas escolas*. Anais do I Congresso da Abrace. São Paulo, 2000.

BAREICHA, P. Problemas para se iniciar uma aula: o que está em jogo? *Revista Sala Preta*. 2: 231-46, São Paulo: Escola de Comunicação e Artes da USP, 2002.

BAREICHA, P. e BAREICHA, L. *Relatório técnico do projeto Circuito das Águas*. Anais do V Congresso Iberoamericano de Psicodrama. Cidade do México, 2005. (CD-ROM)

BAREICHA, P. e ROMAÑA, M. A. *A influência dos pedagogos humanistas no pensamento de Moreno*. Anais do II Congresso Iberoamericano de Psicodrama. Águas de São Pedro, 1999.

FONSECA, F. O. *Olhares sobre o lago Paranoá*. Brasília: Iema/Sematec/Semarh, 1999.

JAPIASS, R. *Metodologia do ensino do teatro*. Campinas: Papirus, 2001.

KOUDELA, I. D. *Jogos teatrais*. São Paulo: Perspectiva, 1992.

LACERDA, J. C. *Um lago que queria virar mar*. Brasília: Círculo de Giz, 2004.

MORENO, J. L. *Psicoterapia de grupo e psicodrama*. São Paulo: Livro Pleno, 1999.

ROMAÑA, M. A. *A construção coletiva do conhecimento através do psicodrama*. Campinas: Papirus, 1992.

________. *Do psicodrama pedagógico à pedagogia do drama*. Campinas: Papirus, 1994.

________. Desenvolvendo um pensamento vivo mediante uma didática sociopsicodramática. *Revista Linhas Críticas* 4(7-8): 11-16. Brasília, Faculdade de Educação da UnB, 1998.

________. *Pedagogia do drama* – 8 perguntas e 3 relatos. São Paulo: Casa do Psicólogo, 2004.

SOEIRO, A. *O instinto de platéia na sociedade do espetáculo*. Brasília: Círculo de Giz, 2003.

Os autores

Ana Flávia Trindade dos Santos

É psicóloga e psicodramatista no foco psicoterápico, filiada à Profint.

Antônio dos Santos Andrade

Professor Assistente Doutor do Departamento de Psicologia e Educação da Faculdade de Filosofia, Ciências e Letras de Ribeirão Preto (FFCLRP) da Universidade de São Paulo (USP).

Cristiene Gama Tenório

Médica psiquiatra, psicodramatista didata supervisora no foco psicoterápico, é diretora-geral do Cosmos Psicodrama-Recife, especialista em terapia de casal e família, coordenadora em saúde mental na Atenção Básica da Prefeitura da Cidade do Recife.

Cybele Maria Rabelo Ramalho

Psicóloga, psicodramatista didata supervisora nos focos psicoterápico e socioeducacional, professora da Universidade Federal de Sergipe, coordenadora do Curso de Formação em Psicodrama da Profissionais Integrados Ltda. (Profint), analista junguiana e autora do livro *Aproximações entre Jung e Moreno* (Ágora, 2002).

HELOISA JUNQUEIRA FLEURY

Psicóloga, pós-graduanda em Ciências pela Faculdade de Medicina da Universidade de São Paulo (FMUSP), é supervisora em psicoterapia do Projeto Sexualidade (ProSex) do Instituto de Psiquiatria do Hospital das Clínicas da FMUSP e professora do Departamento de Psicodrama do Instituto Sedes Sapientiae. É também didata supervisora nos focos socioeducacional e psicoterápico pela Febrap.

MARIA DE LOURDES SGORBISSA

Assistente social, psicodramatista no foco socioeducacional, especialista em Recursos Humanos, mestre em Psicologia Social, consultora em Desenvolvimento Humano, professora efetiva da Faculdade Integração Zona Oeste (Fizo) e do Instituto Hoyler, professora do Curso de Gestão do Terceiro Setor da Universidade São Judas Tadeu e coordenadora do Núcleo de Titulação da Diretoria de Ensino e Ciência da Federação Brasileira de Psicodrama (Febrap) (gestão 2002-2004).

MARIÂNGELA PINTO DA FONSECA WECHSLER

Psicóloga, psicodramatista didata supervisora nos focos socioeducacional e psicoterápico pela Febrap; é professora do Departamento de Psicodrama do Instituto Sedes Sapientiae e do Convênio entre Sociedade de Psicodrama de São Paulo (SOPSP) e PUC-SP; dra. em Psicologia Escolar pela Universidade de São Paulo (USP); Especialista em Terapia Familiar Sistêmica pela Universidade Federal de São Paulo (Unifesp); coordenadora do Núcleo de Pesquisa da Diretoria de Ensino e Ciência da Federação Brasileira de Psicodrama (Febrap) (gestão 2002-2004).

MARILIA J. MARINO

É pedagoga, psicodramatista didata supervisora no foco socioeducacional pela SOPSP; membro da Coordenação e professora do Curso de Formação em Psicodrama do Convênio SOPSP-PUC-SP. É também coordenadora e professora do Curso de Formação do Psicodramatista Didata – Nível II, da SOPSP, gestão 2003-2004; doutora em Psicologia e mestre em Educação pela PUC-SP. Professora da Faculdade de Educação, integrante das Equipes de Psicologia da Educação e Habilitação Conjunta em Orientação Educacional e Supervisão Escolar (Gestão de Projetos Socioeducacionais), como assistente-doutora do Departamento de Fundamentos da Educação. Coordenadora do Núcleo de Formação da Diretoria de Ensino e Ciência da Federação Brasileira de Psicodrama (Febrap) (gestão 2003-2004).

MARLENE MAGNABOSCO MARRA

Psicóloga e psicodramatista didata supervisora nos focos socioeducacional e psicoterápico pela Febrap, é coordenadora de ensino e professora do Instituto de Pesquisa e Intervenção Psicossocial (Interpsi). Formou-se mestra em Psicologia Social pela Universidade Católica de Brasília (UCB). É terapeuta familiar sistêmica pelo Instituto de Pesquisa e Intervenção Psicossocial (Interpsi) e consultora escolar e coordenadora do Comitê Organizador Local do 16º Congresso Internacional de Psicoterapia de Grupo.

NORMA SILVIA TRINDADE DE LIMA

É doutora em Educação pela Unicamp, psicodramatista didata pelo IPPGC e psicóloga.

Patrícia Freire Campos

É psicóloga clínica, psicodramatista didata pela Febrap, professora do Cosmos Psicodrama-Recife. Cirurgiã-dentista, especialista em odontopediatria e ortodontia. É também professora da Escola de Aperfeiçoamento Profissional da Associação Brasileira de Odontologia – sessão Pernambuco (EAP-ABO/PE).

Paulo Bareicha

É doutor em Artes, mestre em Educação, psicólogo, professor supervisor de psicodrama da Febrap. Também é professor da Faculdade de Educação da Universidade de Brasília, editor da Revista *Teatro, Drama e Educação* da FE/UnB. *E-mail:* bareicha@unb.br

Stela Regina de Souza Fava

Psicóloga, psicodramatista didata supervisora nos focos socioeducacional e psicoterápico; diretora de Ensino e Ciência da Federação Brasileira de Psicodrama (Febrap) (gestão 2003-2004); docente no curso de formação de Didatas na SOPSP; consultora da Fundação do Desenvolvimento Administrativo do Estado de São Paulo (Fundap), da Secretaria da Fazenda do Estado de São Paulo (Fazep) e da Associação Brasileira de Ouvidores (ABO).

- - - - - - - - - - - - - dobre aqui - - - - - - - - - - - - - - - - -

Carta-
resposta

2146/83/DR/SPM
Summus Editorial Ltda.

CORREIOS

CARTA-RESPOSTA

NÃO É NECESSÁRIO SELAR

O SELO SERÁ PAGO POR

grupo
editorial
summus

C AVENIDA DUQUE DE CAXIAS
1214-999 São Paulo/SP

- - - - - - - - - - - - - dobre aqui - - - - - - - - - - - - - - - - -

recorte aqui

EDITORA ÁGORA

CADASTRO PARA MALA-DIRETA

Recorte ou reproduza esta ficha de cadastro, envie completamente preenchida por correio ou fax, e receba informações atualizadas sobre nossos livros.

Nome:________________ Empresa:________________
Endereço: ☐ Res. ☐ Coml. ________________ Bairro:________________
CEP: ______-_____ Cidade: ________________ Estado: ______ Tel.: (   ) ________
Fax: (   ) ____________ E-mail: ________________ Data de nascimento: ________
Profissão:____________ Professor? ☐ Sim ☐ Não Disciplina: ________________

1. Você compra livros:

☐ Livrarias ☐ Feiras
☐ Telefone ☐ Correios
☐ Internet ☐ Outros. Especificar:____________

2. Onde você comprou este livro?

____

3. Você busca informações para adquirir livros:

☐ Jornais ☐ Amigos
☐ Revistas ☐ Internet
☐ Professores ☐ Outros. Especificar:____________

4. Áreas de interesse:

☐ Psicologia ☐ Comportamento
☐ Crescimento Interior ☐ Saúde
☐ Astrologia ☐ Vivências, Depoimentos

5. Nestas áreas, alguma sugestão para novos títulos?

____

____

6. Gostaria de receber o catálogo da editora? ☐ Sim ☐ Não

7. Gostaria de receber o Ágora Notícias? ☐ Sim ☐ Não

Indique um amigo que gostaria de receber a nossa mala-direta

Nome:________________ Empresa:________________
Endereço: ☐ Res. ☐ Coml. ________________ Bairro:________________
CEP: ______-_____ Cidade: ________________ Estado: ______ Tel.: (   ) ________
Fax: (   ) ____________ E-mail: ________________ Data de nascimento: ________
Profissão:____________ Professor? ☐ Sim ☐ Não Disciplina: ________________

cole aqui

Editora Ágora
Rua Itapicuru, 613 7º andar 05006-000 São Paulo - SP Brasil Tel (11) 3872 3322 Fax (11) 3872 7476
Internet: http://www.editoraagora.com.br e-mail: agora@editoraagora.com.br